职业院校工学结合一体化课程改革特色教材

企业财务会计

主　编　杨建珍

副主编　刘利芳　李艳伟　王　倩

参　编　朱志伟　张艳肖　徐军英

机 械 工 业 出 版 社

本书采用以学习任务为导向的编写思路，构建了理论与实践一体化的情景式教材体系，以学生的职业能力培养为主线，以岗位的典型工作任务为载体，融入相关的专业知识、业务操作等知识和技能。以最新版仿真的凭证资料，展示经济业务涉及的单、证、票、章，按岗位需求将企业财务会计理论与实训内容重新整合。

本书内容包括现金的核算、银行存款的核算、存货的核算、应收款项业务的核算、固定资产的核算、无形资产及其他资产业务的核算、应付款项业务的核算、企业资金进入和退出的核算、财务成果的核算和财务会计报告编制10个学习任务，每一个学习任务均以教学活动为主线，包括知识准备，布置任务，任务实施，学生展示，学生自评、互评，教师总评等教学环节，并辅以相关会计单据、视频、企业业务资料等，可供学生自主学习与教师教学使用。

本书可作为职业院校财经专业教材，也可供财会从业人员岗前培训或自学使用。

为方便教学，本书配备电子课件等教学资源。凡选用本书作为教材的教师均可登录机械工业出版社教育服务网www.cmpedu.com注册后免费下载。如有问题请致信 cmpgaozhi@sina.com，或致电 010-88379375 联系营销人员。

图书在版编目（CIP）数据

企业财务会计/杨建珍主编. —北京：机械工业出版社，2015.2

职业院校工学结合一体化课程改革特色教材

ISBN 978-7-111-47870-6

Ⅰ. ①企… Ⅱ. ①杨… Ⅲ. ①企业管理—财务会计—中等专业学校—教材 Ⅳ. ①F275.2

中国版本图书馆 CIP 数据核字（2014）第 196950 号

机械工业出版社（北京市百万庄大街 22 号 邮政编码 100037）

策划编辑：崔占军 赵志鹏 责任编辑：赵志鹏

责任校对：杜雨霏 封面设计：鞠 杨

责任印制：李 飞

北京振兴源印务有限公司印刷

2017 年 5 月第 1 版第 1 次印刷

184mm×260mm · 14.75 印张 · 295 千字

0 001— 3000 册

标准书号：ISBN 978-7-111-47870-6

定价：35.00

凡购本书，如有缺页、倒页、脱页，由本社发行部调换

电话服务

服务咨询热线：010-88379833

读者购书热线：010-88379649

网络服务

机 工 官 网：www.cmpbook.com

机 工 官 博：weibo.com/cmp1952

教育服务网：www.cmpedu.com

金 书 网：www.golden-book.com

序

课程建设是教学改革的重要载体，邢台技师学院按照一体化课程的开发路径，通过企业调研，专家访谈，提取典型工作任务，构建了以综合职业能力培养为目标，以学习领域课程为载体，以专业群为基础的“校企合作、产教结合、工学合一”的人才培养模式，完成本套基于工作过程为导向的工学结合教材编写，有力地推动了一体化课程教学的改革，实现了立体化教学。

本套教材一体化特色鲜明，可以概括为课程开发遵循职业成长规律、课程设计实现学习者向技能工作者的转变、教学过程提升学生的综合职业能力。

一是课程开发及学习任务的安排顺序遵循职业人才成长规律和职业教育规律，实现“从完成简单工作任务到完成复杂工作任务”的能力提升过程；融合企业的实际生产，遵循行动导向原则实施教学；建立以过程控制为基本特征的质量控制及评价体系。

二是依据企业实际产品来设计开发学习任务，展现了生产企业从产品设计、工艺设计、生产管理、产品制造到安装维护的完整生产流程。这样的学习模式具备十分丰富的企业内涵，学习内容和企业生产比较贴近，能够让学生了解企业生产岗位具体工作内容及要求，不仅能使学生的专业知识丰富，而且能提升学生对企业生产岗位的适应能力，使学生在学习中体验完整的工作过程，实现从学习者向技能工作者的转变。

三是在教学方法上，通过采用角色扮演、案例教学、情境教学等行动导向教学法，培养了学生自主学习的能力，加强了团队协作的精神，提高了分析问题解决问题的能力，激发了潜能和创新能力，学会了与人沟通、与人交流，提升了综合职业能力。

综上所述，一体化课程贯彻“工作过程导向”的设计思路，在教学理念上坚持理实一体化的原则，注重学生基本职业技能与职业素养的培养，将岗位素质教育和技能培养有机地结合。本套教材在内容上，将专业理论知识融入到每一个具体的学习任务中，通过任务的驱动，提高学生主动学习的积极性；在注重专业能力培养的同时，将工作过程中所涉及的团队协作关系、劳动组织关系以及工作任务的接受、资料的查询获取、任务方案的计划、工作结果的检查评估等社会能力和方法能力的培养也融入教材中。总之，一体化课程是一个职业院校学生走向职场，成为一个合格的职业人，成为有责任心和社会感的社会人所经历的完整的“一体化”学习进程。

邢台技师学院实施一体化教学改革以来，取得了明显成效，本套教材在学院相关专业进行了试用，使用效果较好。希望通过本套教材的出版，能与全国职业院校进行互动和交流，同时也恳请专家和同行给予批评指正。

邢台技师学院院长　荀凤元

前　言

目前，邢台技师学院适应国家职业教育改革的需要，实行一体化教学改革，由传统教学模式转变为一体化教学模式。经过两年来的尝试，实践证明，一体化教学模式极大地调动了学生的学习积极性，加强了学生的实践操作能力，为学生今后走向会计岗位打下良好基础。

为了满足职业院校一体化教学改革的需要，邢台技师学院现代服务技术系组织了一批教学经验丰富、实践能力强的会计专业教师与专家，共同确定了会计专业的培养目标，构建了专业课程体系。在此基础上，组织编写了本书。

本书采用以学习任务为导向的编写思路，构建了理论与实践一体化的情景式教材体系，以学生的职业能力培养为主线，以岗位的典型工作任务为载体，融入相关的专业知识、业务操作等知识和技能。

本书以教学活动为主线，包括知识准备，布置任务，任务实施，学生展示，学生自评、互评，教师总评等教学环节，并辅以相关会计单据、视频、企业业务资料等，可供学生自主学习与教师教学使用。

本书配有企业财务会计教案、企业财务会计课件、企业财务会计习题及企业财务会计习题答案等配套资料。

本书编写分工如下：

编写内容	学时分配	参与教师
学习任务一　现金的核算	20学时	李艳伟
学习任务二　银行存款的核算	20学时	刘利芳
学习任务三　存货的核算	30学时	杨建珍
学习任务四　应收款项业务的核算	20学时	王倩
学习任务五　固定资产的核算	40学时	杨建珍
学习任务六　无形资产及其他资产业务的核算	10学时	张艳肖
学习任务七　应付款项业务的核算	16学时	王倩
学习任务八　企业资金进入和退出的核算	20学时	徐军英
学习任务九　财务成果的核算	42学时	朱志伟
学习任务十　财务会计报告编制	24学时	刘利芳

由于时间仓促，以及编者水平有限，书中难免出现错误，欢迎各位读者朋友提出宝贵意见。

编　者

目　录

学习任务一
现金的核算

学习目标

通过本学习任务的学习，学生应该：

1. 能够根据任务要求，合理进行工作分工。
2. 能够根据经济业务确定库存现金清查的方法。
3. 能够根据库存现金的清查结果，正确填制库存现金盘点报告表。
4. 能够对库存现金的清查结果正确地进行核算。
5. 能够根据现金收、付款记账凭证正确登记库存现金账簿。
6. 能够严格审核现金收、付款记账凭证。
7. 能够与教师有效沟通，提交任务并请教师检查。
8. 能够根据评价指标，客观公正地进行自评和互评。
9. 能够自选展示方法，介绍本组完成任务的全过程。

建议学时：20 学时

工作情境描述

邢台蓝领集团公司是一家集科研、生产、销售、服务于一体的大型国有企业，为增值税一般纳税人企业，增值税税率为 17%。2014 年 12 月，出纳员根据公司每天涉及的现金收支业务，开具审核收、付款原始凭证，收、付现金，并加盖“现金收讫”或“现金付讫”章及出纳员印章，填制现金收、付款记账凭证，审核无误后，逐日逐笔登记库存现金日记账和库存现金总分类账，并定期对库存现金进行清查，对清查结果进行核算。

学习任务描述

公司每天涉及许多现金收支业务，出纳员能够根据审核无误的原始凭证，正确填制现金收、付款记账凭证，并登记库存现金日记账和库存现金总分类账，并定期对库存现金进行清查，对清查结果进行核算。

任务流程

活动一：明确任务要求，资讯分析，制订计划

活动二：日常现金收支处理

活动三：库存现金的清查

活动四：工作总结与评价

活动一：明确任务要求，资讯分析，制订计划

学习目标

1. 能在教师的指导下，解读本学习任务的要求。
2. 能够自行查阅资料，明确现金核算的流程。
3. 能派代表展示说明各小组对任务的理解以及对难点问题的分析。

建议学时：2 学时

学习过程

一、明确工作任务

任务书是工作过程的基本依据，其中明确了该项工作的工作内容、时间要求、相关责任人等信息。学生在开始工作任务前，必须读懂任务书的内容要求，准确获取该项工作的基本信息。现金的核算任务书如表 1-1 所示。

表 1-1 现金的核算任务书

任务名称	现金的核算	时间	20 学时
任务描述	出纳员能够根据公司每天的现金收支业务正确填制记账凭证，登记账簿，并定期对库存现金进行清查，对清查结果进行核算		
工作情境	邢台蓝领集团公司是一家集科研、生产、销售、服务于一体的大型国有企业，为增值税一般纳税人企业，增值税税率为 17%。2014 年 12 月，出纳员根据公司每天涉及的现金收支业务，开具审核收、付款原始凭证，收、付现金，并加盖“现金收讫”或“现金付讫”章及出纳员印章，填制现金收、付款记账凭证，审核无误后，逐日逐笔登记库存现金日记账和库存现金总分类账，并定期对库存现金进行清查，对清查结果进行核算		
任务目标	1. 能够根据任务要求，合理进行工作分工 2. 能够根据经济业务正确填制记账凭证并严格审核 3. 能够根据记账凭证正确登记账簿 4. 能够根据经济业务确定库存现金清查的方法 5. 能够根据现金的清查结果，正确填制库存现金盘点报告表 6. 能够对库存现金的清查结果正确地进行核算 7. 能够与教师有效沟通，提交任务并请教师检查 8. 能够根据评价指标，客观公正地进行自评和互评 9. 能够自选展示方法，介绍本组完成任务的全过程		

（续）

任务名称	现金的核算	时间	20 学时
资讯内容	1．业务单据的种类及其所反映的经济业务内容 2．记账凭证填制的方法和要求 3．记账凭证审核的内容 4．登记账簿 5．库存现金的清查 6．清查结果的核算		
实施步骤	活动一：明确任务要求，资讯分析，制订计划（2 学时） 活动二：日常现金收支处理（8 学时） 活动三：库存现金的清查（8 学时） 活动四：工作总结与评价（2 学时）		
评价要点	1．自学和获取信息的能力 2．组织与控制能力 3．沟通协作能力 4．识别原始凭证的能力 5．填制和审核收、付款记账凭证的能力 6．登记账簿 7．库存现金的清查 8．清查结果的核算 9．语言表达能力 10．总结归纳能力 11．团队合作精神 12．工作参与度		
指导教师签字			

阅读任务书，以小组为单位讨论其内容，提炼、总结任务书的要点。

____

____

____

二、收集以下信息，讨论并完成信息咨询内容

查阅资料完成下列信息的咨询：

（1）现金的使用范围有哪些？

（2）库存现金清查的方法。

（3）库存现金清查结果的账务处理。

三、制订工作计划

工作计划是一个单位或团体在一定时期内为完成某项工作制订的工作安排，内容一般应包括人员分工、资料清单、工期安排等内容。

（1）制订工作计划，首先应查阅相关资料，明确完成本任务的基本操作步骤，具体如下：

1）______________________________

2）______________________________

3）______________________________

……

（2）明确现金核算的基本步骤后，根据资料中的信息，结合小组讨论的意见，确定以下几个方面的内容：

1）人员的基本分工。

2）每个环节需要用到的资料，并归纳整理。

3）对各个环节的用时做大致估计。

4）有交叉作业情况时的人员和资料安排。

（3）小组查阅资料，完成老师布置的学习内容。根据小组成员特点完成现金的核算任务小组分工表（见表 1-2）。

表 1-2　现金的核算任务小组分工表

小组成员名单	成员特点	小组中的分工	备注

四、填写活动评价表

以小组为单位，展示本组对任务的理解及知识准备情况。然后在教师点评的基础上根据明确任务要求活动评价表中的评分标准进行评分（见表 1-3）。

表 1-3　明确任务要求活动评价表

活动__________　组别__________　评价人__________

项目	自评	互评				教师点评				
任务明确程度										
小组分工情况										
工作计划可行性										
兴趣										
学习主动性										
承担工作表现										
工作纪律										
协作精神										
时间观念										
总评										

注：各项评价满分 10 分，表现优秀为 10～8 分，合格为 7～6 分，不合格为 5～1 分。

活动二：日常现金收支处理

学习目标

1. 能在教师的指导下，制订工作计划，合理进行分工。
2. 能够根据日常业务单据，填制和审核记账凭证。
3. 能够根据工作分工，密切合作，按业务流程完成各项任务。

建议学时：8 学时

学习过程

一、知识准备

（1）现金的使用范围有哪些？
（2）坐支现金的概念。
（3）审核现金收付凭证无误，须加盖哪些印章？
（4）库存现金限额的规定（见表 1-4）。

表 1-4　库存现金限额的规定

地区	规定
一般地区	
边远、交通不便地区	

二、布置任务

要求根据邢台蓝领集团公司 12 月份发生的有关现金业务进行账务处理。

邢台蓝领集团公司是一家集科研、生产、销售、服务于一体的大型国有企业，为增值税一般纳税人企业，增值税税率为 17%。2014 年 12 月份发生以下几笔经济业务，财务经理要求财务部门根据审核无误的原始凭证，及时正确地填制记账凭证。

邢台蓝领集团公司资料：

[开户银行] 中国工商银行邢台钢北支行　[账号] 13051588974463215556
[纳税人登记号] 130503506792859　[地址] 邢台市钢铁北路 850 号
[电话] 2608888　[法人代表] 李东华　[会计主管] 杨阳　[会计] 王方
[出纳] 张英　[记账] 赵磊　[税控机专管员] 王晓风　[复核] 李洋

业务 1：提取现金，用做备用金（见图 1-1）。

中国工商银行
现金支票存根
10201320
036293**
附加信息
出票日期 2014 年 12 月 1 日
收款人：邢台蓝领集团公司
金　额：¥3 300.00
用　途：备用金
单位主管：　　会计：

图 1-1　现金支票存根 1

业务 2：供应科王路杰支取采购材料借款（见图 1-2）。

借　款　单

2014 年 12 月 3 日

部　　门	供　应　科	借　款　事　由		采　购　材　料	
借款金额	金额（大写）捌仟元整	¥ 8 000.00		现金付讫	
批准金额	金额（大写）捌仟元整	¥8 000.00			
领导	李东华	会计主管	杨阳	借款人	王路杰

图 1-2　借款单 1

业务 3：购买办公用品，取得统一发票（见图 1-3）。

商品销售统一发票

客户名称及地址：邢台蓝领集团公司　　　　2014 年 12 月 7 日 填制

品 名 规 格	单　　位	数　　量	单价/元	金　　额						
				万	千	百	十	元	角	分
笔记本	本	20	10.00			2	0	0	0	0
墨　盒	盒	30	15.00			4	5	0	0	0
合　计					¥	6	5	0	0	0
合计金额（大写）陆佰伍拾元整			现金付讫							

第二联　发票

填票人：张华　　　　收款人：王丽琼　　　　单位名称（章）：

图 1-3　商品销售统一发票

业务 4：收到所欠货款（见图 1-4）。

统一收款收据（三联单）

第二联：收据　　　　2014 年 12 月 22 日　　　　No. 12045**

交款单位或交款人	邢台蓝领集团公司	收款方式	现金
事　由　收回所欠货款 人民币（大写）贰佰元整　　¥200.00　　现金付讫			备注

说明：不得作行政事业性收费收据使用

收款单位（盖章）：　　　　　　收款人：文山

图 1-4　统一收款收据 1

业务 5：供应科王路杰支取出差借款（见图 1-5）。

借　款　单

2014 年 12 月 23 日

部门	供应科	借款事由		差旅费	
借款金额	金额（大写）伍佰元整　　¥500.00　　现金付讫				
批准金额	金额（大写）伍佰元整　　¥500.00				
领导	李东华	会计主管	杨阳	借款人	王路杰

图 1-5　借款单 2

业务 6：报销差旅费（见图 1-6 和图 1-7）。

邢台蓝领集团公司现金付讫凭单

2014 年 12 月 24 日　　　　第　号

付款内容	补付差旅费
金额 （大写）　贰拾元整　　¥20　　现金付讫	
备注：	

会计主管：　　　复核：　　　批准部门：　　　收款人：

图 1-6　现金付讫凭单

<u>差旅费报销单</u>

单位名称：　　　　　　填报日期　2014 年 12 月 24 日　　　　　　单位：元

姓名		王路杰	职务	采购员		出差事由		采购	出差时间	预计 5 天 实际 6 天	
日期		起止地点		飞机、车、船票		其他费用					
月	日	起	止	类别	金额/元	项目		标准/（元/天）	计算天数	核报金额/元	备注
12	23	邢台	秦皇岛	火车	100	住宿费	包干报销	50	6	300	
12	29	秦皇岛	邢台	火车	100		限额报销				
						伙食补助费					
						车、船补助费					
						其他杂支				20	
小计					200	小计				320	
总计金额（大写）		※仟伍佰贰拾零元零角零分						预支 500 核销 520 退补 20			

主管：　　　　部门：　　　　审核：　　　　出纳：　　　　填报人：王路杰

图 1-7　差旅费报销单 1

三、任务实施

（1）各小组根据邢台蓝领集团公司 12 月份发生的有关现金的经济业务，开设“库存现金”账户，登记期初余额。

（2）分析原始凭证，确定会计分录，填制记账凭证。

（3）根据记账凭证逐笔登记库存现金总账和明细账，结出本期发生额和期末余额。

四、评价

以小组为单位，展示本组完成的会计处理。然后在教师点评的基础上对会计账务处理进行修改完善，并根据评分标准进行评分。

1．教师点评

教师根据各小组的展示结果进行综合点评，指出各小组的优点及不足，并给出正确答案。

2．各组学生自评、互评

各小组派代表汇报完成工作过程中出现的问题及取得的收获，并互评。

3．填写日常现金收支处理活动评价表（见表 1-5）

表 1-5　日常现金收支处理活动评价表

活动＿＿＿＿＿＿＿＿　组别＿＿＿＿＿＿＿＿　评价人＿＿＿＿＿＿＿＿

项　目	自　评	互　评				教 师 点 评				
识别原始凭证										
填制记账凭证										
登记明细分类账										
登记总分类账										
填制凭证的规范										
登记账簿的规范										
语言表达能力										
团结协作精神										
工作纪律										
时间观念										
总　评										

注：各项评价满分 10 分，表现优秀为 10～8 分，合格为 7～6 分，不合格为 5～1 分。

活动三：库存现金的清查

学习目标

1. 能在教师的指导下，制订工作计划，合理进行分工。
2. 能够根据日常业务单据，确定库存现金清查的方法。
3. 能够对库存现金的清查结果正确地进行核算。
4. 能够根据工作分工，密切合作，按业务流程完成各项任务。

建议学时：8 学时

学习过程

一、知识准备

（1）库存现金清查的方法为＿＿＿＿＿＿＿＿。

（2）清点现金后，将清点结果填入＿＿＿＿＿，由＿＿＿＿＿和＿＿＿＿＿签章。

（3）什么是现金长短款？清点完毕后，确定现金长短款，在查明原因前后，如何进行账务处理。

二、布置任务

要求根据邢台蓝领集团公司 12 月份发生的有关库存现金业务进行账务处理。

邢台蓝领集团公司是一家集科研、生产、销售、服务于一体的大型国有企业，为增值税一般纳税人企业，增值税税率为 17%。2014 年 12 月份发生经济业务，财务经理要求财务部门根据审核无误的原始凭证及时正确填制记账凭证。

邢台蓝领集团公司资料：

[开户银行] 中国工商银行邢台钢北支行　[账号] 1305158897446321556
[纳税人登记号] 130503506792859　[地址] 邢台市钢铁北路 850 号
[电话] 2608888　[法人代表] 李东华　[会计主管] 杨阳　[会计] 王方
[出纳] 张英　[记账] 赵磊　[税控机专管员] 王晓风　[复核] 李洋

业务 1：30 日，经过与账面资料核对，盘点小组得出清查结果：库存现金实有 990 元，账面为 1 000 元。填制“现金盘点报告表”，将该盘点结果填制记账凭证并登记账簿，同时向主管领导汇报（见表 1-6）。

表 1-6　现金盘点报告表 1

2014 年 12 月 30 日　　编号：0001

账存金额/元	实存金额/元	盘盈/元	盘亏/元	备　注
1 000	990		10	

盘点人（签章）：　　出纳员（签章）：

经过调查，认为库存现金的短缺，出纳员有一定责任，经单位领导批准，应由出纳员赔偿 10 元。

业务 2：30 日，经过与账面资料核对，盘点小组得出清查结果：库存现金实有 900 元，账面为 750 元。填制“现金盘点报告表”，将该盘点结果填制记账凭证并登记账簿，同时向主管领导汇报（见表 1-7）。

表 1-7　现金盘点报告表 2

2014 年 12 月 30 日　　编号：0002

账存金额/元	实存金额/元	盘盈/元	盘亏/元	备　注
750	900			

盘点人（签章）：　　出纳员（签章）：

经过调查，库存现金溢余无法查明原因。

三、任务实施

（1）各小组根据邢台蓝领集团公司 12 月份发生的有关期末现金经济业务，分析原始凭证，确定会计分录，填制记账凭证。

（2）根据记账凭证逐笔登记库存现金总账和明细账，结出本期发生额和期末余额。

四、评价

以小组为单位，展示本组完成的会计处理。然后在教师点评的基础上对会计账务处理进行修改完善，并根据评分标准进行评分。

1．教师点评

教师根据各小组的展示结果进行综合点评，指出各小组的优点及不足，并给出正确答案。

2．各组学生自评、互评

各小组派代表汇报完成工作过程中出现的问题及取得的收获，并互评。

3．填写库存现金的清查活动评价表（见表 1-8）

表 1-8　库存现金的清查活动评价表

活动__________________　组别__________________　评价人_______________

项　　目	自　　评	互　　评				教 师 点 评				
识别原始凭证										
填制记账凭证										
登记明细分类账										
登记总分类账										
填制凭证的规范										
登记账簿的规范										
语言表达能力										
团结协作精神										
工作纪律										
时间观念										
总　　评										

注：各项评价满分 10 分，表现优秀为 10～8 分，合格为 7～6 分，不合格为 5～1 分。

活动四：工作总结与评价

学习目标

1. 能采用多种形式，对学习过程和成果进行展示汇报，并说出本组工作中的优缺点，进行自评，然后各小组之间进行互评，最后教师作总结点评。

2. 能正确规范地撰写学习工作总结。

3. 能够对学习全过程进行综合评价。

建议学时：2 学时

学习过程

一、学生汇报

各小组派代表汇报以下内容：

（1）本学习任务学习的内容。

（2）完成整个任务的过程，包括创新点、团队协作等。

（3）完成整个任务过程中出现的问题及采取的改进措施。

（4）完成整个任务过程中的收获。

二、各小组检查汇报小组任务的完成情况

各小组成员检查各汇报小组操作步骤的内容，查看完整性、准确性，并纠正错误，填补疏漏。

三、教师点评及总结

（1）对各小组完成工作的情况以及汇报的情况进行点评。

（2）总结学习任务完成过程中出现的问题，以及本任务的重点及难点。

四、总评

（1）收集各小组活动评价表，并交给教师。

（2）派小组代表汇总下表（见表 1-9 和表 1-10）。

表 1-9 “现金的核算”学习任务 ____________组成绩表

评价 活动	自评（20%）	互评（30%）				教师评价（50%）	总　分
活动一							
活动二							
活动三							
活动四							

表 1-10 “现金的核算”学习任务总评表

组别 活动					
活动一					
活动二					
活动三					
活动四					
总　　分					

五、综合整个流程评选出最优秀的团队

最优秀的团队是__________组，其次是__________组。

学习任务二
银行存款的核算

学习目标

通过本学习任务的学习，学生应该：

1. 能够根据任务要求，合理进行工作分工。
2. 能够认知票据。
3. 能够正确填制和审核银行存款收、付款凭证。
4. 能够正确登记银行存款日记账。
5. 能够掌握银行存款的清查方法。
6. 能够掌握未达账项的含义及情况。
7. 能够掌握“银行存款余额调节表”的编制方法。
8. 能够与教师有效沟通，提交任务并请教师检查。
9. 能够根据评价指标，客观公正地进行自评和互评。
10. 能够自选展示方法，介绍本组完成任务的全过程。

建议学时：20 学时

工作情境描述

邢台蓝领集团公司是一家集科研、生产、销售、服务于一体的大型国有企业，为增值税一般纳税人企业，增值税税率为 17%。2014 年 12 月，出纳员根据公司每天涉及的银行结算业务，开具和整理票据，到银行办理结算手续，取得回单或收、付款通知，填制银行存款收、付款凭证，审核无误后逐日逐笔登记银行存款日记账，日清月结。

出纳员将公司银行存款日记账与银行对账单进行核对，按照结算种类和票据号码逐笔勾对，如两者不符，查出未达账项，编制银行存款余额调节表，提供银行存款结存额的准确信息。

学习任务描述

学生在学完“基础会计”“基础会计实训”两门课程的基础上，进行本任务的学习。本任务是本课程学习任务的最初环节。

学生从教师处接受任务，能够根据邢台蓝领集团公司发生的业务单据，进行企业银行存款核算的账务处理。

任务流程

活动一： 明确任务要求，资讯分析，制订计划
活动二： 日常银行存款收支管理
活动三： 期末银行存款核算
活动四： 工作总结与评价

活动一：明确任务要求，资讯分析，制订计划

学习目标

1. 接受银行存款核算任务。
2. 明确任务要求，做好人员配置。
3. 能明确学习任务目标。
4. 能填写任务计划书。
5. 完成信息咨询内容。

建议学时： 2 学时

学习过程

一、明确工作任务

任务书是工作过程的基本依据，其中明确了该项工作的工作内容、时间要求、相关责任人等信息。学生在开始工作任务前，必须读懂任务书的内容要求，准确获取该项工作的基本信息。银行存款的核算任务书如表 2-1 所示。

表 2-1 银行存款的核算任务书

任务名称	银行存款的核算	时间	20 学时
任务描述	学生在学完“基础会计”“基础会计实训”两门课程的基础上，进行本任务的学习。本任务是本课程学习任务的最初环节 学生从教师处接受任务，能够根据邢台蓝领集团公司发生的业务单据，进行企业银行存款核算的账务处理		
工作情境	邢台蓝领集团公司是一家集科研、生产、销售、服务于一体的大型国有企业，为增值税一般纳税人企业，增值税税率为 17%。2014 年 12 月，出纳员根据公司每天涉及的银行结算业务，开具和整理票据，到银行办理结算手续，取得回单或收、付款通知，填制银行存款收、付款凭证，审核无误后逐日逐笔登记银行存款日记账，日清月结 出纳员将公司银行存款日记账与银行对账单进行核对，按照结算种类和票据号码逐笔勾对，如两者不符，查出未达账项，编制银行存款余额调节表，提供银行存款结存额的准确信息		
任务目标	1．能够根据任务要求，合理进行工作分工 2．能够认知票据 3．能够正确填制和审核银行存款收、付款凭证 4．能够正确登记银行存款日记账 5．能够掌握银行存款的清查方法 6．能够掌握未达账项的含义及情况 7．能够掌握“银行存款余额调节表”的编制方法 8．能够与教师有效沟通，提交任务并请教师检查 9．能够根据评价指标，客观公正地进行自评和互评 10．能够自选展示方法，介绍本组完成任务的全过程		
资讯内容	1．银行存款的管理 2．银行存款转账结算的基本方式及程序 3．银行存款的账务处理 4．银行存款日记账的登记 5．未达账项的含义及内容 6．银行存款余额调节表的编制方法及实训		
实施步骤	活动一：明确任务要求，资讯分析，制订计划（2 学时） 活动二：日常银行存款收支管理（10 学时） 活动三：期末银行存款核算（6 学时） 活动四：工作总结与评价（2 学时）		
评价要点	1．自学和获取信息的能力 2．组织与控制能力 3．沟通协作能力 4．根据日常银行存款的经济业务进行账务处理的能力 5．进行银行存款日记账的登记能力 6．进行日记账总账登记及明细账核对的能力 7．根据银行存款经济业务找出未达账项的能力 8．根据未达账项的内容编制银行存款余额调节表的能力 9．语言表达及归纳能力 10．工作参与度及纪律性		
指导教师签字			

阅读任务书，以小组为单位讨论其内容，提炼、总结以下主要信息，再根据教师

点评和组间讨论的意见，改正其中的错误和疏漏之处：

（1）任务书的要点有哪些？

____

____

____

（2）任务书的知识点有哪些？

____

____

____

二、收集以下信息，讨论并完成信息咨询内容

查阅资料完成下列信息的咨询：

（1）认知并总结各种银行结算方式。

（2）银行票据包含哪些？请举例说明。

（3）票据填制应该注意哪些问题？

（4）未达账项的内容有哪些？

三、制订工作计划

工作计划是一个单位或团体在一定时期内为完成某项工作制订的工作安排，内容一般应包括人员分工、资料清单、工期安排等内容。

（1）制订工作计划，首先应查阅相关资料，明确完成本任务的基本操作步骤，具体如下：

1）____

2）____

3）____

……

（2）明确银行存款核算的基本步骤后，根据资料中的信息，结合小组讨论的意见，确定以下几个方面的内容：

1）人员的基本分工。

2）每个环节需要用到的资料，并归纳整理。

3）对各个环节的用时做大致估计。

4）有交叉作业情况时的人员和资料安排。

（3）小组查阅资料，完成老师布置的学习内容。根据小组成员特点完成银行存款的核算任务小组分工表（见表2-2）。

表 2-2 银行存款的核算任务小组分工表

小组成员名单	成员特点	小组中的分工	备注

四、填写活动评价表

以小组为单位，展示本组对任务的理解及知识准备情况，然后在教师点评的基础上根据明确任务要求活动评价表中的评分标准进行评分（见表 2-3）

表 2-3 明确任务要求活动评价表

活动__________ 组别__________ 评价人__________

项目	自评	互评				教师点评				
任务明确程度										
小组分工情况										
工作计划可行性										
知识运用能力										
学习主动性										
承担工作表现										
工作纪律										
协作精神										
时间观念										
总评										

注：各项评价满分 10 分，表现优秀为 10～8 分，合格为 7～6 分，不合格为 5～1 分。

活动二：日常银行存款收支管理

学习目标

1. 能够根据任务要求，合理进行工作分工。
2. 能够认知票据。
3. 能够正确填制和审核银行存款收、付款凭证。
4. 能够正确登记银行存款日记账。
5. 能提高学生信息查询能力、沟通能力、合作能力、表达能力。

6. 能够与教师有效沟通，提交任务并请教师检查。
7. 能够根据评价指标，客观公正地进行自评和互评。
8. 能够自选展示方法，介绍本组完成任务的全过程。

建议学时：10 学时

学习过程

一、知识准备

查阅资料收集以下信息，讨论并完成信息咨询内容：

1. 银行存款的管理内容（见表 2-4）

表 2-4　银行存款的管理内容

银行存款管理概念	
国家的相关规定	企业开立账户时 企业办理收付款业务时 其他规定
企业银行存款的收付存日常管理的主要环节	1. 2. 3. 4.

2. 银行转账结算的基本方式与程序

（1）银行转账结算是指企业在银行开设______，并存入______，在商品交易、______和______以及其他往来过程中发生的超出现金收付范围的______，通过银行将款项从付款单位划向______的行为。

（2）企业的大量结算业务都是通过银行转账结算来完成的，银行转账结算方式主要有支票、______、______、______、托收承付、委托收款、汇兑、信用卡等凭证结算方式。

（3）请同学们根据相关资料，讨论并总结各种银行存款转账方式的程序（见表 2-5）。

表 2-5 各种银行存款转账方式

银行转账方式	概念	内容	结算程序
支票	支票是______签发的，委托办理支票存款业务的银行在见票时无条件支付确定金额给______的票据	支票是______中应用比较广泛的一种结算方式。单位和个人在______交换区域的各种款项结算，均可以使用支票	
银行本票	银行本票是______签发的，承诺自己在见票时无条件支付确定的金额给______的票据	银行本票由银行签发并保证兑付，而且见票即付，具有______等特点	
托收承付	托收承付是根据购销合同由______发货后委托银行向异地付款人收取款项		
银行汇票	银行汇票是汇款人将款项交存当地出票银行，由______签发的，由其在见票时，按照实际结算金额无条件支付给收款人或持票人的票据	银行汇票具有使用______等特点，适用于先收款后发货或钱货两清的商品交易	
商业汇票	商业汇票是______签发的，委托付款人在指定日期无条件支付确定的金额给______的票据	承兑银行按票面金额向出票人收取____的手续费。	
汇兑	汇兑是委托______将其款项支付给收款人的结算方式。单位和个人的______，均可使用汇兑结算方式	汇兑方式适用于异地间的各种款项结算。这种结算方式划转款项简便、灵活	
委托收款	委托收款是收款人委托银行向付款人______的结算方式		
信用卡	信用卡是指商业银行向个人和单位发行的，凭______、______和向银行存取现金，且具有______的特制载体卡片	单位或个人申领信用卡，应按规定填制申请表，连同有关资料一并送交发卡银行	

3．银行存款的核算

（1）银行存款的核算包括________和________。

（2）银行存款的总分类核算。为了总括地反映和监督银行存款的收入、付出和结存情况，应设置“银行存款”总分类账户。银行存款“T”字形账户如图 2-1 所示。

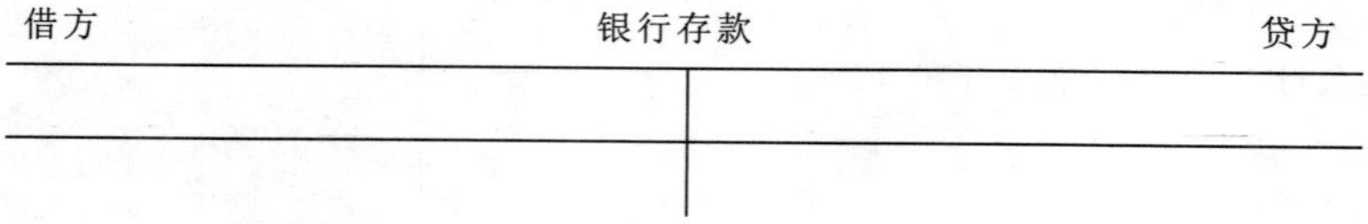

图 2-1 银行存款“T”字形账户

该账户借方登记______款项金额，贷方登记______款项金额，余额在借方，表示______银行存款结存金额。

（3）银行存款的明细分类核算。企业为了及时、详细地反映银行存款具体情况，应该按照______和______分别设置“银行存款日记账”，由______根据审核无误的收付款凭证及所附原始凭证，按照经济业务发生的______顺序逐日逐笔登记。

二、布置任务

邢台蓝领集团公司是一家集科研、生产、销售、服务于一体的大型国有企业，为增值税一般纳税人企业，增值税税率为 17%。2014 年 12 月份发生以下几笔经济业务，财务经理要求财务部门根据审核无误的原始凭证及时正确地填制记账凭证。

邢台蓝领集团公司资料：

[开户银行] 中国工商银行邢台钢北支行　[账号] 13051588974463215556

[纳税人登记号] 130503506792859　[地址] 邢台市钢铁北路 850 号

[电话] 2608888　[法人代表] 李东华　[单位主管] 杨阳　[会计] 王方

[出纳] 张英　[记账] 赵磊　[税控机专管员] 王晓风　[复核] 李洋

业务 1：从银行提取现金。相关凭证如图 2-2 所示。

中国工商银行

现金支票存根

10201320

036293**

附加信息

出票日期 2014 年 12 月 05 日

收款人：	邢台蓝领集团公司
金　额：	¥20 000.00
用　途：	提取现金

单位主管：　　会计：

图 2-2　现金支票存根 2

业务 2：向银行申请生产借款。相关凭证如图 2-3 所示。

中国工商银行借款凭证（代回单）

2014 年 12 月 10 日

借款单位名称		邢台蓝领集团公司	放款账号：12-11	往来账号：1230-4128		
借款金额		人民币（大写）叁拾万元整		¥300 000.00		
种类	生产周转借款	单位提出期限	自 2014 年 12 月 10 日至 2015 年 6 月 10 日止		利率	6%
		银行核定期限	自 2014 年 12 月 10 日至 2015 年 6 月 10 日止			
上列借款已收入你单位往来户内 单位（银行签章）			单位会计分类			

第四联　交借款单位

图 2-3　借款凭证

业务 3：偿还前欠货款。相关凭证如图 2-4 和图 2-5 所示。

中国工商银行

转账支票存根

10201320

036293**

附加信息

出票日期 2014 年 12 月 12 日

收款人：	邢台宏达奶制品厂
金　额：	¥50 000.00
用　途：	付前欠货款

单位主管：　　会计：

图 2-4　转账支票存根 1

统一收款收据（三联单）

第二联：收据　　2014 年 12 月 12 日　　No. 12045**

交款单位或交款人	邢台蓝领集团公司	收款方式	转账支票
事　由　收回所欠货款 人民币（大写）　伍万元整　　¥50 000.00			备注

说明：不得作行政事业性收费收据使用

收款单位（盖章）：　　收款人：文山

图 2-5　统一收款收据 2

业务 4：收回前欠货款。相关凭证如图 2-6 和图 2-7 所示。

统一收款收据（三联单）

第三联：记账依据　　2014 年 12 月 20 日　　No. 989035**

交款单位或交款人	华为集团	收款方式	转账支票
事　由　偿还前欠货款 人民币（大写）捌万捌仟元整　　¥88 000.00			备注：

说明：不得作行政事业性收费收据使用

图 2-6　统一收款收据 3

中国工商银行 进账单（收账通知）　　3

2014 年 12 月 20 日

出票人	全　称	华为集团	收款人	全　称	邢台蓝领集团公司								
	账　号	5648-9628		账　号	13051588974463215556								
	开户银行	中国工商银行新华路支行		开户银行	中国工商银行邢台钢北支行								
金额	人民币（大写）捌万捌仟元整			亿	千	百	十	万	千	百	十	元	角	分
							¥	8	8	0	0	0	0	0
票据种类	转账支票	票据张数	1										
票据号码													
复核：　记账：				收款开户银行签章（章）									

此联是收款人开户银行交给收款人的收账通知

图 2-7　进账单 1

业务 5：销售产品。相关凭证如图 2-8～图 2-10 所示。

1300113130　　**河北省增值税专用发票**　　No. 019411**

校验码 48163 59032 22269 87***　此联不做报销、扣税凭证使用　开票日期：2014 年 12 月 3 日

国税函（2011）318号北京至美数码防伪印务有限公司

购货单位	名　　称：石家庄红星公司 纳税人识别号：130001541232231 地址、电话：石家庄市建华路 16 号 5230355 开户银行及账号：中国工商银行建华路支行 13001212546321789951	密码区	（略）

货物或应税劳务名称	规格型号	单位	数量	单价	金额	税率	税额
500ml 酸酸乳		箱	1 000	95.00	95 000.00	17%	16 150.00
250ml 酸酸乳		箱	500	75.00	37 500.00	17%	6 375.00
合　　计					¥132 500.00		¥22 525.00
价税合计（大写）	人民币壹拾伍万伍仟零贰拾伍元整				（小写）¥155 025.00		

销货单位	名　　称：邢台蓝领集团公司 纳税人识别号：130503506792859 地址、电话：邢台市钢铁北路 850 号 2608888 开户银行及账号：中国工商银行邢台钢北支行 13051588974463215556	备注	

收款人：　　复核：　　开票人：张平　　销货单位：（章）

第一联 记账联 销货方记账凭证

图 2-8　增值税专用发票 1

托收凭证（回单）

委托日期 2014 年 12 月 3 日

业务类型	委托收款（□邮划、□电划）　托收承付（□邮划、□电划）							
付款人 全称	石家庄红星公司				收款人 全称	邢台蓝领集团公司		
付款人 账号	130012125463217899				收款人 账号	13051588974463215556		
付款人 地址	河北省石家庄	市县	开户银行	中国工商银行	收款人 地址	河北省邢台	市县	开户银行 中国工商银行

金额	亿	千	百	十	万	千	百	十	元	角	分
人民币（大写）人民币壹拾伍万伍仟零贰拾伍元整			¥	1	5	5	0	2	5	0	0

款项内容	货款	托收凭据名称	托收承付凭证（电划）	附寄单证张数	
商品发运情况		合同名称号码			
备注： 复核：　　记账：		款项收妥日期 年　月　日		收款人开户银行签章（章） 2014 年 12 月 3 日	

此联作收款人开户银行给收款人的受理回单

图 2-9　托收凭证 1

产品出库单

购货单位：石家庄红星公司　　2014 年 12 月 3 日　　编号：

产品名称	规格型号	计量单位	出库数量	单价/元	金额/元	备注
合计						

第一联 存根

提货人：沈庆华　　发货人：李清　　记账：　　保管：王琛　　制单：王琛

图 2-10　产品出库单 1

业务 6：支付广告费，相关凭证如图 2-11 和图 2-12 所示。

河北省邢台市广告业专用发票（发票联）

No. 00348**

客户公司：邢台蓝领集团公司　　2014 年 12 月 22 日

项目	计量单位	数量	单价	金额							
				十	万	千	百	十	元	角	分
产品广告费					5	0	0	0	0	0	0
合计人民币（大写）	伍万元整			¥	5	0	0	0	0	0	0

开票人：××　　收款人：××　　收款单位：（章）

图 2-11　广告业专用发票

中国工商银行

转账支票存根

10201320

036293**

附加信息

出票日期 2012 年 02 月 22 日

收款人：	邢台信达广告公司
金　额：	¥50 000.00
用　途：	广告费

单位主管：　　会计：

图 2-12　转账支票存根 2

业务 7：收到前欠应收账款，如图 2-13 所示。

中国工商银行进账单（回单或收账通知）

2014 年 12 月 27 日　　　　第 20 号

<table>
<tr><td rowspan="3">收款单位</td><td>全　　称</td><td colspan="2">邢台蓝领集团公司</td><td rowspan="3">付款单位</td><td colspan="2">全　　称</td><td colspan="6">邢台伟兴公司</td></tr>
<tr><td>账　　号</td><td colspan="2">13051588974463215556</td><td colspan="2">账号或地址</td><td colspan="6">43810548</td></tr>
<tr><td>开户银行</td><td colspan="2">中国工商银行邢台钢北支行</td><td colspan="2">开户银行</td><td colspan="6">中国建设银行玄武支行</td></tr>
<tr><td colspan="2" rowspan="2">人民币（大写）</td><td colspan="2" rowspan="2">壹拾伍万元整</td><td>百</td><td>十</td><td>万</td><td>千</td><td>百</td><td>十</td><td>元</td><td>角</td><td>分</td></tr>
<tr><td>¥</td><td>1</td><td>5</td><td>0</td><td>0</td><td>0</td><td>0</td><td>0</td><td>0</td></tr>
<tr><td colspan="2">票据种类</td><td colspan="2">转账支票 XI23168</td><td colspan="9">收款人开户行盖章（略）</td></tr>
</table>

图 2-13　进账单 2

三、任务实施

小组合作，根据邢台蓝领集团公司 12 月份发生的有关企业银行存款经济业务进行账务处理。

（1）填写部分原始凭证。

（2）开设：“银行存款”账户，登记期初余额。

（3）分析原始凭证，确定会计分录，填制记账凭证。

（4）根据记账凭证逐笔登记资金进入总账和明细账，结出本期发生额和期末余额。

四、评价

以小组为单位，展示本组完成的会计处理。然后在教师点评的基础上对会计账务处理进行修改完善，并根据评分标准进行评分。

1．教师点评

教师根据各小组的展示结果进行综合点评，指出各小组的优点及不足，并给出正确答案。

2．各组学生自评、互评

各小组派代表汇报完成工作过程中出现的问题及取得的收获，并互评。

3．填写日常银行存款收支管理活动评价表（见表 2-6）。

表 2-6　日常银行存款收支管理活动评价表

活动＿＿＿＿＿＿＿＿　组别＿＿＿＿＿＿＿＿　评价人＿＿＿＿＿＿＿＿

项　　目	自　　评	互　　评				教 师 点 评				
识别原始凭证										
填制记账凭证										
登记明细分类账										
登记总分类账										
填制凭证的规范										

（续）

项　　目	自　　评	互　　评				教 师 点 评				
登记账簿的规范										
语言表达能力										
团结协作精神										
工作纪律										
时间观念										
总　　评										

注：各项评价满分 10 分，表现优秀为 10～8 分，合格为 7～6 分，不合格为 5～1 分。

活动三：期末银行存款核算

学习目标

1. 能够掌握银行存款的清查方法。
2. 能够掌握未达账项的含义及情况。
3. 能够掌握“银行存款余额调节表”的编制方法。
4. 能有效展示与汇报小组合作成果，介绍本组完成任务的情况。
5. 能提高学生信息查询能力、沟通能力、合作能力、表达能力。

建议学时：6 学时

学习过程

一、知识准备

查阅资料收集以下信息，讨论并完成信息咨询内容：

1. 期末银行存款的理论知识

(1)银行存款的清查主要是采用________________________的方法。将____________________与____________________进行逐步核对，以查明____________________。

（2）什么是未达账项？未达账项的内容有哪些？

2. 银行存款余额调节表的内容

银行存款余额调节表如表 2-7 所示。

表 2-7　银行存款余额调节表

存款种类：　　　　　　　　年　　月　　日　　　　　　　　单位：元

项　目	金　额	项　目	金　额
企业银行存款账余额		银行对账单余额	
加：银行已收，企业未收		加：企业已收，银行未收	
减：银行已付，企业未付		减：企业已付，银行未付	
调整后的存款余额		调整后的存款余额	

二、布置任务

邢台蓝领公司 2014 年 3 月份银行存款日记账和银行对账单如表 2-8 和表 2-9 所示。根据银行存款日记账和银行对账单编制银行存款余额调节表。

表 2-8　银行存款日记账

2014 年		凭证编号	摘要	结算方式		借方	贷方	借或贷	结余	√
月	日			种类	号数					
3	25	收银 8	收入	托收	4321#	20 000		借	150 000	
	25	银付 11	采购	转	5017#		24 000	借	126 000	
	26	银付 12	运费	转	5018#		1 000	借	125 000	
	27	银付 13	现金	现	4029#		20 180	借	104 820	
	27	银付 14	办公费	转	5019#		720	借	104 100	
	28	银收 9	应收账款	电汇		11 200		借	115 300	
	29	银收 10	收入	转	6588#	21 600		借	136 900	
	30	银付 15	保险	现	4030#		8 400	借	128 500	

表 2-9　银行对账单

2014 年		结算方式		借方	√	贷方	√	余额
月	日	类	号码					
3	24	托收				20 000		150 000
	25	转支	5017	24 000				126 000
	26	转支	5018	1 000				125 000
	27	现支	4029	20 180				104 820
	27	转支	5019	720				104 100
	28	托收				37 000		141 100
	28	电汇				11 200		152 300
	30	托收		14 500				137 800

三、任务实施

小组合作，根据蓝领公司 2014 年 3 月份资料逐笔核对，找出未达账项，编制银行存款余额调节表。

四、评价

以小组为单位，展示本组完成的会计处理。然后在教师点评的基础上对会计账务处理进行修改完善，并根据评分标准进行评分。

1．教师点评

教师根据各小组的展示结果进行综合点评，指出各小组的优点及不足，并给出正确答案。

2．各组学生自评、互评

各小组派代表汇报完成工作过程中出现的问题及取得的收获，并互评。

3.填写期末银行存款核算活动评价表（见表 2-10）

表 2-10 期末银行存款核算活动评价表

活动＿＿＿＿＿＿＿＿　组别＿＿＿＿＿＿＿＿　评价人＿＿＿＿＿＿＿＿

项目	自评	互评				教师点评				
识别原始凭证										
填制记账凭证										
登记明细分类账										
登记总分类账										
填制凭证的规范										
登记账簿的规范										
语言表达能力										
团结协作精神										
工作纪律										
时间观念										
总评										

注：各项评价满分 10 分，表现优秀为 10～8 分，合格为 7～6 分，不合格为 5～1 分。

活动四：工作总结与评价

学习目标

1．能正确表达自己的观点。
2．能正确评价别的小组与自评。
3．完成整个任务过程中出现的问题及采取的改进措施。
4．完成整个任务过程中的收获。

建议学时：2 学时

学习过程

一、学生汇报

各小组派代表汇报以下内容：

（1）本学习任务学习的内容。
（2）完成整个任务的过程，包括创新点、团队协作等。

二、各小组检查汇报小组任务的完成情况

各小组成员检查各汇报小组操作步骤的内容，查看完整性、准确性，并纠正错误，填补疏漏。

三、教师点评及总结

（1）对各小组完成工作的情况以及汇报的情况进行点评。
（2）总结学习任务完成过程中出现的问题，以及本任务的重点及难点。

四、总评

（1）收集各小组活动评价表，并交给教师。
（2）派小组代表汇总下表（见表 2-11 和表 2-12）。

表 2-11 “银行存款的核算”学习任务 ________组成绩表

评价活动	自评（20%）	互评（30%）				教师评价（50%）	总分
活动一							
活动二							
活动三							
活动四							

表 2-12 “银行存款的核算”学习任务总评表

组别 活动					
活动一					
活动二					
活动三					
活动四					
总　　分					

五、综合整个流程评选出最优秀的团队

最优秀的团队是__________组，其次是__________组。

学习任务三
存货的核算

学习目标

通过本学习任务的学习，学生应该：

1. 能够根据任务要求，合理进行工作分工。
2. 能够自行查阅资料，熟知存货业务的流程。
3. 能准确解释存货概念，列举出存货的特点和内容。
4. 能准确地填制或审核收料单、领料单、出库单和入库单等业务单据。
5. 能根据原材料、库存商品等业务准确地编制记账凭证。
6. 能准确地登记原材料、库存商品等明细账和总账。
7. 树立规范意识，正确处理存货收发业务。
8. 能够与组员有效配合，检查会计账务处理的正确性和完整性。
9. 能够与教师有效沟通，提交任务并请教师检查。
10. 能够根据评价指标，客观公正地进行自评和互评。
11. 能够自选展示方法，介绍本组完成任务的全过程。

建议学时：30 学时

工作情境描述

邢台蓝领集团公司是一家集科研、生产、销售、服务于一体的大型国有企业，为增值税一般纳税人企业，增值税税率为 17%，主要生产 250mL 酸酸乳及 500mL 酸酸乳。财务经理要求存货岗位核算员，根据该单位 2014 年 12 月份发生的有关经济业务完成以下工作：

（1）对收料单、领料单、出库单和入库单等业务单据进行审核，并根据这些审核无误的业务单据准确地编制记账凭证。

（2）根据相关记账凭证准确地登记原材料、周转材料和库存商品的明细账和总账。

（3）月末将原材料总账与明细账进行核对。

学习任务描述

存货岗位核算员根据邢台蓝领集团公司 2014 年 12 月份发生的有关存货业务的原始单据，进行存货业务的核算。

学生在学完“基础会计”“基础会计实训”两门课程的基础上，进行本任务的学习。本任务是本课程学习任务的中间环节。

学生从教师处接受任务，能够根据邢台蓝领集团公司发生的业务单据，进行存货业务的核算。

任务流程

活动一：明确任务要求，资讯分析，制订计划

活动二：原材料业务核算

活动三：周转材料业务核算

活动四：库存商品业务核算

活动五：工作总结与评价

活动一：明确任务要求，资讯分析，制订计划

学习目标

1. 接受存货业务核算任务。
2. 明确任务要求，做好人员配置。
3. 明确学习任务目标。
4. 填写任务计划书。
5. 完成信息咨询内容。

建议学时：2 学时

学习过程

一、明确工作任务

任务书是工作过程的基本依据，其中明确了该项工作的工作内容、时间要求、相关责任人等信息。学生在开始工作任务前，必须读懂任务书的内容要求，准确获取该项工作的基本信息。存货的核算任务书如表 3-1 所示。

表 3-1 存货的核算任务书

任务名称	存货的核算	时间	30 学时
任务描述	存货岗位核算员根据邢台蓝领集团公司 2014 年 12 月份发生的有关存货业务的原始单据，进行存货业务的核算 学生在学完“基础会计”“基础会计实训”两门课程的基础上，进行本任务的学习。本任务是本课程学习任务的中间环节 学生从教师处接受任务，能够根据邢台蓝领集团公司发生的业务单据，进行存货业务的核算		
工作情境	邢台蓝领集团公司是一家集科研、生产、销售、服务于一体的大型国有企业，为增值税一般纳税人企业，增值税率为 17%，主要生产 250mL 酸酸乳及 500mL 酸酸乳。财务经理要求存货岗位核算员，根据该单位 2014 年 12 月份发生的有关经济业务完成以下工作： 1．对收料单、领料单、出库单和入库单等业务单据进行审核，并根据这些审核无误的业务单据准确地编制记账凭证 2．根据相关记账凭证准确地登记原材料、周转材料和库存商品的明细账和总账 3．月末将原材料总账与明细账进行核对		
任务目标	1．能够根据任务要求，合理进行工作分工 2．能够自行查阅资料，熟知存货业务的流程 3．能准确解释存货概念，列举出存货的特点和内容 4．能准确地填制或审核收料单、领料单、出库单和入库单等业务单据 5．能根据原材料、库存商品等业务准确地编制记账凭证 6．能准确地登记原材料、库存商品等明细账和总账 7．树立规范意识，正确处理存货收发业务 8．能够与组员有效配合，检查会计账务处理的正确性和完整性 9．能够与教师有效沟通，提交任务并请教师检查 10．能够根据评价指标，客观公正地进行自评和互评 11．能够自选展示方法，介绍本组完成任务的全过程		
资讯内容	1．材料采购成本的确定 2．存货核算涉及的账户及性质 3．原材料业务的账务处理 4．周转材料业务的账务处理 5．库存商品业务的账务处理		
实施步骤	活动一：明确任务要求，资讯分析，制订计划（2 学时） 活动二：原材料业务核算（12 学时） 活动三：周转材料业务核算（8 学时） 活动四：库存商品业务核算（6 学时） 活动五：工作总结与评价（2 学时）		
评价要点	1．自学和获取信息的能力 2．组织与控制能力 3．沟通协作能力 4．根据存货业务填制记账凭证的能力 5．进行存货业务明细账的登记能力 6．进行材料总账登记及材料明细账核对的能力 7．语言表达及归纳能力 8．工作参与度及纪律性		
指导教师签字			

阅读任务书，以小组为单位讨论其内容，提炼、总结以下主要信息，再根据教师点评和组间讨论的意见，改正其中的错误和疏漏之处：

（1）任务书的要点有哪些？

____

____

____

（2）任务书的知识点有哪些？

____

____

____

二、收集以下信息，讨论并完成信息咨询内容

查阅资料完成下列信息的咨询：

1．存货的概念及分类

存货是指企业在日常活动中持有以备出售的______或______，处在生产过程中的______，在生产过程或提供劳务过程中耗用的______、______等。包括①原材料；②______；③______；④______；⑤______等。

2．存货入账价值的确定

请同学们查阅资料，讨论、总结存货入账价值的确定（见表3-2）。

表3-2　存货入账价值的确定

存货的取得方式		成本确定
外购存货		1．购买价款 2．相关税费 3．其他可归属于存货采购成本的费用
加工取得存货	自制存货	
	委托外单位加工完成的存货	
其他方式取得的存货	投资者投入存货	
	接受捐赠的存货	
	企业接受的债务人以非现金资产抵偿债务方式取得的存货或以应收款项换入存货	
	盘盈的存货	

3．发出存货的计量

发出存货的计量是指对发出存货成本的确定。存货的日常核算可以采用实际成本法，也可以采用______，如采用计划成本法，期末应调整为______。

请同学们查阅资料，讨论、总结发出存货成本的计算方法（见表3-3）。

表3-3　发出存货成本的计算方法

存货的计价方法	发出存货成本计算方法	计算公式	优缺点	适用范围
存货按实际或成本法计价	个别计价法			
	先进先出法			
	月末一次加权平均法			
	移动加权平均法			
存货按计划成本法计价	计划成本			

4．存货清查的概念

存货的清查是指企业对存货的盘点，进行______核对，并将盘点核对的结果进行账务处理。

5．存货清查的方法

存货清查可以定期或__________进行。清查通常采用__________的方法，并填制“__________清单”。

6．存货清查结果的核算

请同学们查阅资料，讨论、总结存货清查结果的核算内容（见表 3-4）。

表 3-4 存货清查结果的核算

<table>
<tr><th rowspan="2">存货清查结果</th><th colspan="2">账务处理</th></tr>
<tr><th>批准前</th><th>批准后</th></tr>
<tr><td>存货盘盈的核算</td><td></td><td></td></tr>
<tr><td rowspan="3">存货盘亏的核算</td><td rowspan="3"></td><td>应由保险公司和过失人支付的赔款</td></tr>
<tr><td>属于一般经营损失的部分</td></tr>
<tr><td>属于非常损失的部分</td></tr>
<tr><td>存货毁损的核算</td><td></td><td></td></tr>
</table>

三、制订工作计划

工作计划是一个单位或团体在一定时期内为完成某项工作制订的工作安排，内容一般应包括人员分工、资料清单、工期安排等内容。

（1）制订工作计划，首先应查阅相关资料，明确完成本任务的基本操作步骤，具体如下：

1）______________________________

2）______________________________

3）______________________________

……

（2）明确存货核算业务的基本步骤后，根据资料中的信息，结合小组讨论的意见，确定以下几个方面的内容：

1）人员的基本分工。

2）每个环节需要用到的资料，并归纳整理。

3）对各个环节的用时做大致估计。

4）有交叉作业情况时的人员和资料安排。

（3）小组查阅资料，完成老师布置的学习内容。根据小组成员特点完成存货的核算任务小组分工表（见表 3-5）。

表 3-5　存货的核算任务小组分工表

小组成员名单	成员特点	小组中的分工	备注

四、填写活动评价表

以小组为单位，展示本组对任务的理解及知识准备情况，然后在教师点评的基础上根据明确任务要求活动评价表中的评分标准进行评分（见表 3-6）。

表 3-6　明确任务要求活动评价表

活动＿＿＿＿＿＿＿＿　组别＿＿＿＿＿＿＿＿　评价人＿＿＿＿＿＿＿＿

项目	自评	互评				教师点评				
任务明确程度										
小组分工情况										
工作计划可行性										
兴趣										
学习主动性										
承担工作表现										
工作纪律										
协作精神										
时间观念										
总评										

注：各项评价满分 10 分，表现优秀为 10～8 分，合格为 7～6 分，不合格为 5～1 分。

活动二：原材料业务核算

学习目标

1．能准确地填制或审核收料单、领料单、出库单和入库单等业务单据。
2．能根据原材料业务准确地编制记账凭证。
3．能准确地登记原材料明细账和总账。
4．学会分析和解决问题的方法。
5．提高综合能力。

建议学时：12 学时

学习过程

一、知识准备

查阅资料收集以下信息，讨论并完成信息咨询内容：

（一）原材料的内容

原材料是指企业在生产过程中经过加工改变其形态或性质并构成产品主要实体的各种______、主要材料和______，以及供生产耗用但不构成产品实体的______。具体包括①原料及主要材料；②______；③辅助材料；④燃料；⑤修理用备件（备品备件）；⑥______。

（二）原材料收发原始凭证

1．材料收入的原始凭证

材料入库凭证主要是收料单（又称材料入库单）。收料单是根据存货到货，并经过验收审核后，按规定填写的______凭证。

2．材料发出的原始凭证

通常材料发出的凭证主要有以下几种：

（1）领料单。

（2）限额领料单。

（3）领料登记表。

（三）外购原材料按实际成本计价的核算

1．外购原材料核算科目设置

按实际成本计价时外购原材料应设置“原材料”和“在途物资”两个科目，以便反映企业材料资金的占用情况。

请同学们完成下面列举的会计科目的“T”字形账户的借贷及余额的登记。

（1）“原材料”科目，“T”字形账户如图 3-1 所示。

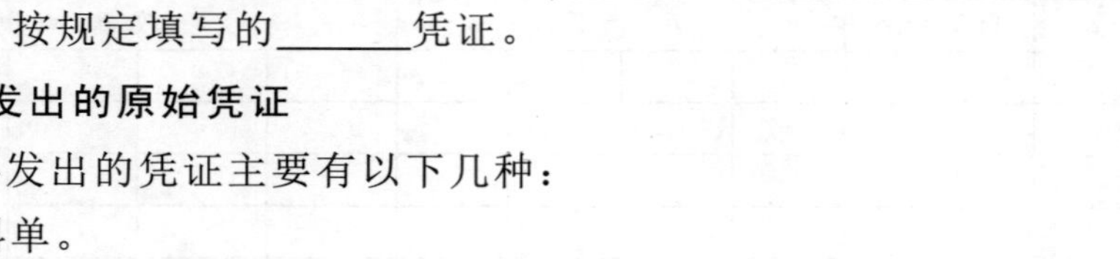

图 3-1　原材料“T”字形账户

（2）“在途物资”科目“T”字形账户如图 3-2 所示。

借方　　在途物资　　贷方

图 3-2　在途物资“T”字形账户

2. 外购原材料按实际成本计价业务核算内容

总结讨论外购原材料按实际成本计价业务核算内容，完成相应的会计处理（见表 3-7）。

表 3-7　外购原材料按实际成本计价业务核算内容

外购原材料业务内容		会 计 处 理
外购材料 （实际成本法）	料已到，款已付	借：原材料 应交税费——应交增值税（进项税额） 贷：银行存款等
	料未到，款已付	1 款已付时： 借： 贷： 2 验收入库时： 借： 贷：
	料已到，款未付	1．料到时暂不入账 ① 单到付款时，视同料已到，款已付处理 借： 贷： ② 若月末单仍未到款未付，则暂估入账 借： 贷： 2．下月初做相反分录或红字冲回 借： 贷： 等单到付款时，视同料已到，款已付 借： 贷：

（四）外购原材料按计划成本计价的核算

原材料的总分类核算和明细分类核算均按计划成本计价。

1. 外购原材料核算科目设置

原材料按计划成本的核算，除设置“原材料”科目外，还应设置“材料采购”和“材料成本差异”科目。

请同学们完成下面列举的会计科目的“T”字形账户的借贷及余额的登记。

（1）“原材料”科目“T”字形账户如图 3-3 所示。

“原材料”科目的借方、贷方和余额均按计划成本对材料进行记账。

借方　　原材料　　贷方

图 3-3　原材料“T”字形账户

（2）“材料采购”科目“T”字形账户如图 3-4 所示。

“材料采购”科目核算企业采用计划成本进行材料日常核算而购入的______成本。

借方	材料采购	贷方

图 3-4 材料采购“T”字形账户

（3）“材料成本差异”科目“T”字形账户如图 3-5 所示。

“材料成本差异”科目核算企业采用______成本进行日常核算的材料计划成本与实际成本的差额。

借方	材料成本差异	贷方

图 3-5 材料成本差异“T”字形账户

2．外购原材料按计划成本计价业务核算内容

总结讨论外购原材料按计划成本计价业务核算内容，完成相应的会计处理（见表 3-8）。

表 3-8 外购原材料按计划成本计价业务核算内容

<table>
<tr><th colspan="2">原材料业务内容</th><th>会计处理</th></tr>
<tr><td rowspan="2">外购材料
（计划成本法）</td><td>料已到，款已付和料未到款已付</td><td>1．购料时：
借：
贷：
2．验收入库时：
借：
贷：
3．结转差异时：
借：
贷：</td></tr>
<tr><td>料已到，款未付</td><td>1．料到时暂不入账
①单到付款时，视同料已到，款已付处理（同上略）
②若月末单仍未到款未付，则暂估入账
借：
贷：
2．下月初做相反分录或红字冲回
借：
贷：
等单到付款时，视同料已到，款已付处理（略）</td></tr>
</table>

注意：企业收入原材料时，不论材料是否入库，都要先通过“______”科目核算实际成本，待入库后，再按计划成本转入“原材料”科目，同时结转成本差异。

（五）委托加工原材料业务核算

（1）委托加工物资的概念。

委托加工物资是指企业委托______加工的各种材料、商品等物资。

（2）设置“委托加工物资”账户。

（3）请同学们阅读委托加工业务流程图（见图 3-6），并查阅资料，讨论、总结委托加工物资的核算内容（见表 3-9）。

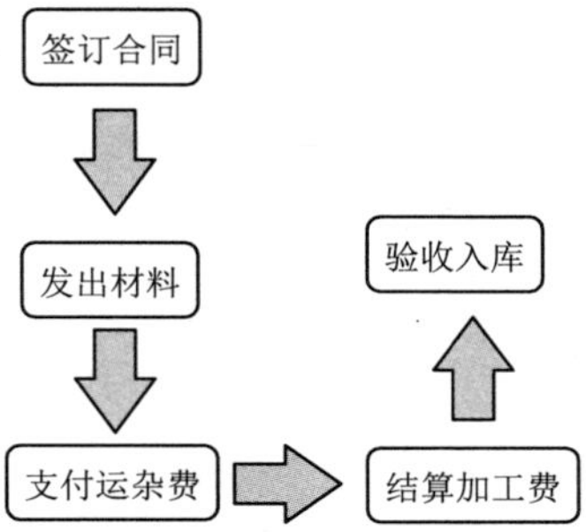

图 3-6　委托加工业务流程图

表 3-9　委托加工物资的核算内容

委托加工物资的实际成本	发出加工材料物资的________成本
	委托加工物资应支付的________费用
	委托加工物资应支付的________费
	委托加工物资应计入成本的________等相关税金
委托加工物资的核算账务处理	发出原材料
	支付委托加工材料运杂费
	支付加工费
	收回加工材料，结转实际成本

（4）总结讨论委托加工原材料业务核算内容，完成相应的会计处理（见表 3-10）。

表 3-10　委托加工原材料业务核算内容

原材料业务内容		会 计 处 理
委托加工物资	拨付委托加工物资	借： 贷：
	支付加工费、增值税	借： 贷：
	缴纳消费税	1. 加工后的物资用于直接销售 借： 贷： 2. 加工后的物资用于连续生产 借： 贷：
	收回委托加工物资	借： 贷：

（六）自制原材料核算

自制原材料验收入库时：

借：原材料

　　贷：______________

（七）领用原材料业务、出售原材料及期末原材料计价业务核算

总结讨论领用原材料业务、出售原材料及期末原材料计价核算内容，完成相应的会计处理（见表 3-11）。

表 3-11　领用原材料业务、出售原材料及期末原材料计价的核算内容

原材料业务内容		会计处理
领用原材料	实际成本法	借： 　贷：
	计划成本法	借： 　贷：
出售多余原材料		借： 　贷：
原材料期末计价	计提存货跌价准备	借： 　贷：
	冲销存货跌价准备	借： 　贷：

二、布置任务

要求根据邢台蓝领集团公司 12 月份发生的有关原材料业务进行账务处理。

邢台蓝领集团公司资料：

[开户银行]中国工商银行邢台钢北支行　[账号] 1305158897446321556

[纳税人登记号] 130503506792859　[地址] 邢台市钢铁北路 850 号

[电话] 2608888　[法人代表] 李东华　[会计主管] 杨阳　[会计] 王方

[出纳] 张英　[记账] 赵磊　[税控机专管员] 王晓风　[复核] 李洋

邢台蓝领集团公司 12 月 1 日原材料及相关的明细科目余额如表 3-12 所示。

表 3-12　原材料及相关的明细科目余额

总账科目	明细科目				
	名称	单位	数量	单价/元	金额/元
原材料	鲜奶	kg	20 000	4.5	90 000
	奶粉	kg	200	20	4 000
	白糖	kg	1 000	3.60	3 600
	香精	kg	50	50	2 500

邢台蓝领集团公司 12 月份发生的有关原材料业务如下：

业务 1：12 月 2 日从邢台燕京牛奶公司购买鲜奶。相关凭证如图 3-7～图 3-9 所示。

中国工商银行

转账支票存根

10201320

036293**

附加信息________________

____

出票日期 2014 年 12 月 1 日

收款人：	邢台燕京牛奶公司
金额：	¥77 220.00
用途：	购料

单位主管：　　　　会计：

图 3-7　转账支票存根 3

13001131　　　　河北省增值税专用发票　　　　**No. 019411****

发票联

校验码 48163 59032 22269 87***　　　　开票日期：2014 年 12 月 2 日

国税函（2011）318 号北京至美数码防伪印务有限公司

买方	名　　称：邢台蓝领集团公司 纳税人识别号：130503506792859 地址、电话：邢台市钢铁北路 850 号 2608888 开户银行及账号：中国工商银行邢台钢北支行 13051588974463215556			密码区	（略）		
货物或应税劳务名称	规格型号	单位	数量	单价	金额	税率	税额
鲜奶		kg	15 000	4.4	66 000.00	17%	11 220.00
合　计					¥66 000.00		¥11 220.00
价税合计（大写）	人民币柒万柒仟贰佰贰拾元整				（小写）¥77 220.00		
销售方	名　　称：邢台燕京牛奶公司 纳税人识别号：130503541236638 地址、电话：邢台市建设路 58 号 220368 开户银行及账号：中国工商银行建设路支行 13051512546321787654			备注			

第二联　发票联　购货方记账凭证

收款人：　　　　复核：　　　　开票人：王慧　　　　销货单位：（章）

图 3-8　增值税专用发票 2

材料入库单

供应单位：邢台燕京牛奶公司　　　2014 年 12 月 2 日　　　发票号：

材料类别	材料名称	规格	计量单位	数量	实收数量	单位成本	金额							
							十	万	千	百	十	元	角	分
检验结果		检验员签章		运杂费										
				合计			¥							
备注														

会计：　　出纳：　　复核：　　记账：　　制单：

第三联 会计

图 3-9　材料入库单 1

业务 2：12 月 3 日，从石家庄光明工厂购买奶粉。相关凭证如图 3-10～图 3-12 所示。

13001131　　**河北省增值税专用发票**　　No. 019411**

校验码 48163 59032 22269 87***　　发票联　　开票日期：2014 年 12 月 8 日

购货单位	名称：邢台蓝领集团公司 纳税人识别号：130503506792859 地址、电话：邢台市钢铁北路 850 号 2608888 开户银行及账号：中国工商银行邢台钢北支行 13051588974463215556				密码区	（略）		
货物或应税劳务名称	规格型号	单位	数量	单价	金额	税率	税额	
奶粉		kg	200	19.50	3 900.00	17%	663.00	
合计					¥3 900.00		¥663.00	
价税合计（大写）	人民币肆仟伍佰陆拾叁元整				（小写）¥4 563.00			
销货单位	名称：石家庄光明工厂 纳税人识别号：130001541236321 地址、电话：石家庄市解放路 18 号 5660376 开户银行及账号：中国工商银行建设路支行 13001212546321789678				备注			

国税函（2011）318 号北京至美数码防伪印务有限公司

第二联 发票联 购货方记账凭证

收款人：　　复核：　　开票人：刘利　　销货单位：（章）

图 3-10　增值税专用发票 3

中国工商银行电汇凭证（回单）　1

普通　　加急　　　　委托日期 2014 年 12 月 3 日

<table>
<tr><td rowspan="3">汇款人</td><td>全　称</td><td>邢台蓝领集团公司</td><td rowspan="3" colspan="2">收款人</td><td colspan="3">全　称</td><td colspan="6">石家庄光明工厂</td></tr>
<tr><td>账　号</td><td>13051588974463215556</td><td colspan="3">账　号</td><td colspan="6">13001212546321789678</td></tr>
<tr><td>汇出地点</td><td>河北省邢台市/县</td><td colspan="3">汇入地点</td><td colspan="6">河北省石家庄市/县</td></tr>
<tr><td colspan="2">汇出行名称</td><td>中国工商银行邢台钢北支行</td><td colspan="5">汇入行名称</td><td colspan="6">中国工商银行建设路支行</td></tr>
<tr><td rowspan="2">金额</td><td rowspan="2">人民币（大写）</td><td rowspan="2">肆仟伍佰陆拾叁元整</td><td>亿</td><td>千</td><td>百</td><td>十</td><td>万</td><td>千</td><td>百</td><td>十</td><td>元</td><td>角</td><td>分</td></tr>
<tr><td></td><td></td><td></td><td></td><td>¥</td><td>4</td><td>5</td><td>6</td><td>3</td><td>0</td><td>0</td></tr>
<tr><td colspan="3" rowspan="2">款项已汇入收款人账户
中国工商银行
河北省分行
结算专用章
汇出行签章</td><td colspan="3">支付密码</td><td colspan="8"></td></tr>
<tr><td colspan="11">附加信息及用途：
购买奶粉
复核：　　　　记账：</td></tr>
</table>

此联汇出行给汇款人的回单

图 3-11　电汇凭证 1

材料入库单

供应单位：石家庄光明工厂　　　　2014 年 12 月 3 日　　　　发票号：

材料类别	材料名称	规格	计量单位	数量	实收数量	单位成本	金额							
							十	万	千	百	十	元	角	分
检验结果		检验员签章		运杂费										
				合计			¥							
备注														

第三联　会计

会计：　　　　出纳：　　　　复核：　　　　记账：　　　　制单：

图 3-12　材料入库单 2

业务 3：12 月 4 日，向邢台糖业公司购买白糖。相关凭证如图 3-13～图 3-15 所示。

中国工商银行

转账支票存根

10201320

036293**

附加信息________________

出票日期 2014 年 12 月 4 日

收款人：邢台糖业公司
金额：¥2 457.00
用途：购料

单位主管：　　　　会计：

图 3-13　转账支票存根 4

13001131　　**河北省增值税专用发票**　　No. 019411**

发票联

校验码 48163 59032 22269 87 ***　　开票日期：2014 年 12 月 4 日

购货单位	名　　称：邢台蓝领集团公司 纳税人识别号：130503506792859 地址、电话：邢台市钢铁北路 850 号 2608888 开户银行及账号：中国工商银行邢台钢北支行 13051588974463215556	密码区	（略）

货物或应税劳务名称	规格型号	单位	数量	单价	金额	税率	税额
白糖		kg	600	3.50	2 100.00	17%	357.00
合　计					¥2 100.00		¥357.00
价税合计（大写）	人民币贰仟肆佰伍拾柒元整				（小写）¥2 457.00		

销货单位	名　　称：邢台糖业公司 纳税人识别号：130503506792134 地址、电话：邢台市中华路 108 号 5660368 开户银行及账号：中国工商银行中华路支行 13051588974463213442	备注	

收款人：　　复核：　　开票人：刘强　　销货单位：（章）

国税函（2011）318号北京至美数码防伪印务有限公司

第二联　发票联　购货方记账凭证

图 3-14　增值税专用发票 4

材料入库单

供应单位：邢台糖业公司　　2014 年 12 月 4 日　　发票号：

材料类别	材料名称	规格	计量单位	数量	实收数量	单位成本	金额							
							十	万	千	百	十	元	角	分
检验结果		检验员签章		运杂费										
				合计			¥							
备注														

第三联　会计

会计：　　出纳：　　复核：　　记账：　　制单：

图 3-15　材料入库单 3

业务 4：12 月 8 日，生产车间领用鲜奶、奶粉、白糖进行产品生产。相关凭证如图 3-16 所示。

领　料　单

领料部门：生产车间　　　　　　2012 年 12 月 08 日

材料		单位	数量		单位成本	金额	过账
名称	规格		请领	实发			
鲜奶		kg	5 000	5 000			
奶粉		kg	300	300			
白糖		kg	10	10			
工作单号		用途	生产 250mL 酸酸乳				
工作项目							

会计主管：杨阳　　　　记账：　　　　发料：张凌　　　　领料：徐瑞

图 3-16　领料单 1

业务 5：12 月 12 日，从邢台食品公司购入香精。相关凭证如图 3-17～图 3-19 所示。

中国工商银行
转账支票存根
10201320
036293**
附加信息

出票日期 2014 年 12 月 12 日

收款人：	邢台食品公司
金额：	¥3 018.60
用途：	购料

单位主管：　　　　会计：

图 3-17　转账支票存根 5

13001131　　　　**河北省增值税专用发票**　　　　No. 019411**

发票联

校验码 48163 59032 22269 87***　　　　开票日期 2014 年 12 月 12 日

购货单位	名称：邢台蓝领集团公司 纳税人识别号：130503506792859 地址、电话：邢台市钢铁北路 850 号 2608888 开户银行及账号：中国工商银行邢台钢北支行 13051588974463215556				密码区	（略）	
货物或应税劳务名称	规格型号	单位	数量	单价	金额	税率	税额
香精		kg	50	51.6	2 580.00	17%	438.60
合　计					¥2 580.00		¥438.60
价税合计（大写）	人民币叁仟零壹拾捌元陆角整				（小写）¥3 018.60		
销货单位	名称：邢台食品公司 纳税人识别号：130503506792068 地址、电话：邢台市守敬路 234 号 2209303 开户银行及账号：中国工商银行守敬支行 13051588974463214567				备注		

国税函（2011）318 号北京至美数码防伪印务有限公司

第二联　发票联　购货方记账凭证

收款人：　　　　复核：　　　　开票人：张芳　　　　销货单位：（章）

图 3-18　增值税专用发票 5

材料入库单

供应单位：邢台食品公司　　　　2014 年 12 月 12 日　　　　发票号：

材料类别	材料名称	规格	计量单位	数量	实收数量	单位成本	金额							
							十	万	千	百	十	元	角	分
检验结果		检验员签章		运杂费										
				合　计			¥							
备注														

第三联　会计

会计：　　　出纳：　　　复核：　　　记账：　　　制单：

图 3-19　材料入库单 4

业务 6：12 月 15 日，向邢台燕京牛奶公司购买鲜奶。相关凭证如图 3-20～图 3-22 所示。

13001131　　　河北省增值税专用发票　　　**No. 019411****

发票联

校验码 48163 59032 22269 87***　　　　开票日期 2014 年 12 月 15 日

购货单位	名　　称：邢台蓝领集团公司 纳税人识别号：130503506792859 地址、电话：邢台市钢铁北路 850 号 2608888 开户银行及账号：中国工商银行邢台钢北支行 13051588974463215556	密码区	（略）				
货物或应税劳务名称	规格型号	单位	数量	单价	金额	税率	税额
鲜奶		kg	12 000	4.30	51 600.00	17%	8 772.00
合　计					¥51 600.00		¥8 772.00
价税合计（大写）	人民币陆万零叁佰柒拾贰元整				（小写）¥60 372.00		
销货单位	名　　称：邢台燕京牛奶公司 纳税人识别号：130503541236638 地址、电话：邢台市建设路 58 号 220368 开户银行及账号：中国工商银行建设路支行 13051512546321787654	备注					

国税函（2011）318 号北京至美数码防伪印务有限公司

第二联　发票联　购货方记账凭证

收款人：　　　复核：　　　开票人：王慧　　　销货单位：（章）

图 3-20　增值税专用发票 6

材料入库单

供应单位：邢台燕京牛奶公司　　2014 年 12 月 15 日　　发票号：

<table>
<tr><td rowspan="2">材料类别</td><td rowspan="2">材料名称</td><td rowspan="2" colspan="2">规格</td><td rowspan="2">计量单位</td><td rowspan="2">数量</td><td rowspan="2">实收数量</td><td rowspan="2">单位成本</td><td colspan="8">金　额</td><td rowspan="6">第三联 会计</td></tr>
<tr><td>十</td><td>万</td><td>千</td><td>百</td><td>十</td><td>元</td><td>角</td><td>分</td></tr>
<tr><td></td><td></td><td colspan="2"></td><td></td><td></td><td></td><td></td><td></td><td></td><td></td><td></td><td></td><td></td><td></td><td></td></tr>
<tr><td></td><td></td><td colspan="2"></td><td></td><td></td><td></td><td></td><td></td><td></td><td></td><td></td><td></td><td></td><td></td><td></td></tr>
<tr><td colspan="2">检验结果</td><td colspan="3">检验员签章</td><td colspan="2">运杂费</td><td></td><td></td><td></td><td></td><td></td><td></td><td></td><td></td><td></td></tr>
<tr><td></td><td colspan="2"></td><td></td><td></td><td colspan="2">合计</td><td></td><td>¥</td><td></td><td></td><td></td><td></td><td></td><td></td><td></td></tr>
<tr><td>备注</td><td colspan="15"></td></tr>
</table>

会计：　　出纳：　　复核：　　记账：　　制单：

图 3-21　材料入库单 5

中国工商银行

转账支票存根

10201320

036293**

附加信息________________

____

出票日期 2014 年 12 月 15 日

收款人：邢台燕京牛奶公司
金额：¥60 372.00
用途：购料

单位主管：　　会计：

图 3-22　转账支票存根 6

业务 7：12 月 18 日，生产车间领用鲜奶 15 000kg，奶粉 100kg，香精 20kg。相关凭证如图 3-23 所示。

领　料　单

领料部门：生产车间　　2014 年 12 月 18 日

<table>
<tr><td colspan="2">材　　料</td><td rowspan="2">单　位</td><td colspan="2">数　量</td><td rowspan="2">单 位 成 本</td><td rowspan="2">金　额</td><td rowspan="2">过　账</td></tr>
<tr><td>名称</td><td>规格</td><td>请领</td><td>实发</td></tr>
<tr><td>鲜奶</td><td></td><td>kg</td><td>15 000</td><td>15 000</td><td></td><td></td><td></td></tr>
<tr><td>奶粉</td><td></td><td>kg</td><td>100</td><td>100</td><td></td><td></td><td></td></tr>
<tr><td>香精</td><td></td><td>kg</td><td>20</td><td>20</td><td></td><td></td><td></td></tr>
<tr><td></td><td></td><td></td><td></td><td></td><td></td><td></td><td></td></tr>
<tr><td>工作单号</td><td></td><td rowspan="2">用途</td><td colspan="5" rowspan="2">生产 500mL 酸酸乳</td></tr>
<tr><td>工作项目</td><td></td></tr>
</table>

会计主管：杨阳　　记账：　　发料：张凌　　领料：徐瑞

图 3-23　领料单 2

业务 8：12 月 20 日，向邢台糖业公司购买白糖。相关凭证如图 3-24～图 3-26 所示。

13001131　　**河北省增值税专用发票**　　No. 019411**

校验码 48163 59032 22269 87***　　发票联　　开票日期 2014 年 12 月 20 日

国税函（2011）318号北京至美数码防伪印务有限公司

购货单位	名　　　称：邢台蓝领集团公司 纳税人识别号：130503506792859 地址、电话：邢台市钢铁北路 850 号 2608888 开户银行及账号：中国工商银行邢台钢北支行 13051588974463215556			密码区	（略）		
货物或应税劳务名称	规格型号	单位	数量	单价	金额	税率	税额
白糖		kg	3 000	3.65	10 950.00	17%	1 861.50
合　计					¥10 950.00		¥1 861.50
价税合计（大写）	人民币壹万贰仟捌佰壹拾壹元伍角整				（小写）¥12 811.50		
销货单位	名　　　称：邢台糖业公司 纳税人识别号：130503506792134 地址、电话：邢台市中华路 108 号 5660368 开户银行及账号：中国工商银行中华路支行 13051588974463213442			备注			

第二联　发票联　购货方记账凭证

收款人：　　　复核：　　　开票人：刘强　　　销货单位：（章）

图 3-24　增值税专用发票 7

材料入库单

供应单位：邢台糖业公司　　　2014 年 12 月 20 日　　　发票号：

材料类别	材料名称	规格	计量单位	数量	实收数量	单位成本	金额 十	万	千	百	十	元	角	分
检验结果		检验员签章		运杂费										
				合　计			¥							
备注														

第三联　会计

会计：　　　出纳：　　　复核：　　　记账：　　　制单：

图 3-25　材料入库单 6

中国工商银行

转账支票存根

10201320

036293**

附加信息________________

出票日期 2014 年 12 月 20 日

收款人：邢台糖业公司
金额：¥12 811.50
用途：购料

单位主管：　　　　会计：

图 3-26　转账支票存根 7

业务 9：12 月 24 日，向邢台燕京牛奶公司购买鲜奶。相关凭证如图 3-27～图 3-29 所示。

13001131　　**河北省增值税专用发票**　　No. 019411**

发票联

校验码 48163 59032 22269 87***　　开票日期 2014 年 12 月 24 日

购货单位	名　　称：邢台蓝领集团公司 纳税人识别号：130503506792859 地址、电话：邢台市钢铁北路 850 号 2608888 开户银行及账号：中国工商银行邢台钢北支行 13051588974463215556	密码区	（略）

货物或应税劳务名称	规格型号	单位	数量	单价	金额	税率	税额
鲜奶		kg	14 000	4.35	60 900.00	17%	10 353.00
合　计					¥60 900.00		¥10 353.00
价税合计（大写）	人民币柒万壹仟贰佰伍拾叁元整				（小写）¥71 253.00		

销货单位	名　　称：邢台燕京牛奶公司 纳税人识别号：130503541236638 地址、电话：邢台市建设路 58 号 220368 开户银行及账号：中国工商银行建设路支行 13051512546321787654	备注	

收款人：　　　复核：　　　开票人：王慧　　　销货单位：（章）

国税函（2011）318 号北京至美数码防伪印务有限公司

第二联　发票联　购货方记账凭证

图 3-27　增值税专用发票 8

银行承兑汇票

30900053

出票日期（大写）贰零壹肆年壹拾贰月贰拾肆日　　25727278

付款人	全　称	邢台蓝领集团公司	收款人	全　称	邢台燕京牛奶公司
	账　号	13051588974463215556		账　号	13051512546321787654
	开户银行	中国工商银行邢台钢北支行		开户银行	中国工商银行建设路支行

出票金额	人民币（大写）　柒万壹仟贰佰伍拾叁元整	百	十	万	千	百	十	元	角	分
			¥	7	1	2	5	3	0	0

汇票到期日（大写）	贰零壹伍年零贰月贰拾肆日	付款人开户银行	行号	
			地址	
承兑协议编号：工行（邢）承字第****号		本汇票已经承兑，到期日本行付款		
本汇票请你行承兑，此项汇票款我单位按承兑协议于到期日前足额交存你行，到期请予以支付。 出票人签章：		承兑日期　年　月　日 备注： 复核：　记账：		

图 3-28　银行承兑汇票

材料入库单

供应单位：邢台燕京牛奶公司　　2014 年 12 月 24 日　　发票号：

材料类别	材料名称	规格	计量单位	数量	实收数量	单位成本	金额 十	万	千	百	十	元	角	分
检验结果		检验员签章		运杂费										
				合　计			¥							
备注														

第三联　会计

会计：　　出纳：　　复核：　　记账：　　制单：

图 3-29　材料入库单 7

业务 10：12 月 25 日，生产车间领用鲜奶 15 000kg，白糖 600kg。相关凭证如图 3-30 所示。

领　料　单

领料部门：生产车间　　2014 年 12 月 25 日

材料 名称	材料 规格	单位	数量 请领	数量 实发	单位成本	金额	过账
鲜奶		kg	15 000	15 000			
白糖		kg	600	600			
工作单号		用途	生产 250mL 酸酸乳				
工作项目							

会计主管：杨阳　　记账：　　发料：张凌　　领料：徐瑞

图 3-30　领料单 3

业务 11：12 月 27 日，向石家庄光明工厂购买奶粉。相关凭证如图 3-31～图 3-33 所示。

托收凭证（付款通知）

委托日期 2014 年 12 月 27 日　　5

业务类型		委托收款（□邮划、□电划）				托收承付（□邮划、□电划）			
付款人	全　称	邢台蓝领集团公司			收款人	全　称	石家庄光明工厂		
	账　号	13051588974463215556				账　号	13001212546321789678		
	地址	河北省邢台	市县	开户银行 中国工商银行		地址	河北省石家庄	市县	开户银行 中国工商银行
金额	人民币（大写）	叁仟陆佰捌拾伍元伍角整				亿 千 百 十 万 千 百 十 元 角 分	¥ 3 6 8 5 5 0		
款项内容	货款	托收凭据名称	委托收款			附寄单证张数	1 张		
商品发运情况						合同名称号码			
备注： 付款人开户银行收到日期 年　月　日 复核：　记账：		付款人开户银行签章 年　月　日				付款单位注意： 1. 根据结算办法，上列委托收款（托收承付），如在付款期限内未拒付，即视同全部同意付款，以此联代付款通知 2. 如系全部或部分拒付，应在付款期限内，将拒付理由书并附债务证明退交开户银行			

此联作收款人开户银行给收款人的受理回单

图 3-31　托收凭证 2

13001131　　**河北省增值税专用发票**　　No. 019411**

发票联

校验码 48163 59032 22269 87***　　开票日期 2014 年 12 月 27 日

国税函（2011）318 号北京至美数码防伪印务有限公司

购货单位	名　称：邢台蓝领集团公司 纳税人识别号：130503506792859 地址、电话：邢台市钢铁北路 850 号 2608888 开户银行及账号：中国工商银行邢台钢北支行 13051588974463215556			密码区	（略）		
货物或应税劳务名称	规格型号	单位	数量	单价	金额	税率	税额
鲜奶		kg	150	21.00	3 150.00	17%	535.50
合　计					¥3 150.00		¥535.50
价税合计（大写）	人民币叁仟陆佰捌拾伍元伍角整				（小写）¥3 685.50		
销货单位	名　称：石家庄光明工厂 纳税人识别号：130001541236321 地址、电话：石家庄市解放路 18 号 5660376 开户银行及账号：中国工商银行建设路支行 13001212546321789678			备注			

第二联　发票联　购货方记账凭证

收款人：　　复核：　　开票人：刘利　　销货单位：（章）

图 3-32　增值税专用发票 9

材料入库单

供应单位：石家庄光明工厂　　　　2014 年 12 月 27 日　　　　发票号：

材料类别	材料名称	规格	计量单位	数量	实收数量	单位成本	金额							
							十	万	千	百	十	元	角	分
检验结果		检验员签章		运杂费										
				合计			¥							
备注														

第三联 会计

会计：　　出纳：　　复核：　　记账：　　制单：

图 3-33　材料入库单 8

业务 12：12 月 28 日，向邢台燕京牛奶公司购买鲜奶。相关凭证如图 3-34～图 3-35 所示。

13001131　　河北省增值税专用发票　　**No. 019411****

校验码 48163 59032 22269 87***　　发票联　　开票日期 2014 年 12 月 28 日

购货单位	名称：邢台蓝领集团公司 纳税人识别号：130503506792859 地址、电话：邢台市钢铁北路 850 号 2608888 开户银行及账号：中国工商银行邢台钢北支行 13051588974463215556				密码区	（略）		
货物或应税劳务名称	规格型号	单位	数量	单价	金额	税率	税额	
鲜奶		kg	15 000	4.45	66 750.00	17%	11 347.50	
合　计					¥66 750.00		¥11 347.50	
价税合计（大写）	人民币柒万捌仟零玖拾柒元伍角整				（小写）¥78 097.50			
销货单位	名称：邢台燕京牛奶公司 纳税人识别号：130503541236638 地址、电话：邢台市建设路 58 号 220368 开户银行及账号：中国工商银行建设路支行 13051512546321787654				备注			

国税函（2011）318 号北京至美数码防伪印务有限公司

第二联 发票联 购货方记账凭证

收款人：　　复核：　　开票人：王慧　　销货单位：（章）

图 3-34　增值税专用发票 10

材料入库单

供应单位：邢台燕京牛奶公司　　2014 年 12 月 28 日　　发票号：

材料类别	材料名称	规格	计量单位	数量	实收数量	单位成本	金额 十	万	千	百	十	元	角	分
检验结果		检验员签章		运杂费										
				合　计			¥							
备注														

第三联　会计

会计：　　出纳：　　复核：　　记账：　　制单：

图 3-35　材料入库单 9

中国工商银行
转账支票存根
10201320
036293**

附加信息________________

出票日期 2014 年 12 月 28 日

收款人：邢台燕京牛奶公司
金额：¥78 097.50
用途：购料

单位主管：　　会计：

图 3-36　转账支票存根 8

业务 13：12 月 29 日，向邢台燕京牛奶公司购买鲜奶。相关凭证如图 3-37～图 3-39 所示。

13001131　　河北省增值税专用发票　　**No. 019411****

发票联

校验码 48163 59032 22269 87***　　开票日期 2014 年 12 月 29 日

购货单位	名　　称：邢台蓝领集团公司 纳税人识别号：130503506792859 地址、电话：邢台市钢铁北路 850 号 2608888 开户银行及账号：中国工商银行邢台钢北支行 13051588974463215556			密码区	（略）		
货物或应税劳务名称	规格型号	单位	数量	单价	金额	税率	税额
鲜奶		kg	10 000	4.40	44 000.00	17%	7 480.00
合　计					¥44 000.00		¥7 480.00
价税合计（大写）	人民币伍万壹仟肆佰捌拾元整				（小写）¥51 480.00		
销货单位	名　　称：邢台燕京牛奶公司 纳税人识别号：130503541236638 地址、电话：邢台市建设路 58 号 220368 开户银行及账号：中国工商银行建设路支行 13051512546321787654			备注			

国税函（2011）318 号北京至美数码防伪印务有限公司

第二联　发票联　购货方记账凭证

收款人：　　复核：　　开票人：王慧　　销货单位：（章）

图 3-37　增值税专用发票 11

材料入库单

供应单位：邢台燕京牛奶公司　　2014 年 12 月 29 日　　发票号：

材料类别	材料名称	规格	计量单位	数量	实收数量	单位成本	金额 十	万	千	百	十	元	角	分
检验结果		检验员签章		运杂费										
				合计			¥							
备注														

第三联 会计

会计：　　出纳：　　复核：　　记账：　　制单：

图 3-38　材料入库单 10

中国工商银行

转账支票存根

10201320

036293**

附加信息________________

出票日期 2014 年 12 月 29 日

收款人：	邢台燕京牛奶公司
金额：	¥51 480.00
用途：	购料

单位主管：　　会计：

图 3-39　转账支票存根 9

业务 14：12 月 30 日，生产车间领用鲜奶 10 000kg，奶粉 600kg。相关凭证如图 3-40 所示。

领　料　单

领料部门：生产车间　　2014 年 12 月 30 日

材料 名称	规格	单位	数量 请领	实发	单位成本	金额	过账
鲜奶		kg	10 000	10 000			
奶粉		kg	600	600			
工作单号		用途	生产 500mL 酸酸乳				
工作项目							

会计主管：杨阳　　记账：　　发料：张凌　　领料：徐瑞

图 3-40　领料单 4

业务 15：12 月 31 日，仓库盘点，出具报告。相关凭证如表 3-13 所示。

表 3-13　仓库盘点表 1

品　名	规　格	计量单位	单价/元	数量盘盈	盘　亏	金额/元	原　因
原材料：							原因待查
鲜奶		kg	4.40		30		
奶粉		kg	21.00	6			
白糖		kg	3.65	10			
香精		kg	51.60		2		
处理意见：							

业务 16：核销盘亏盘盈材料。相关凭证如表 3-14 所示。

表 3-14　仓库盘点表 2

品　名	规　格	计量单位	单价/元	数量盘盈	盘　亏	金额/元	原　因
原材料：							
鲜奶		kg	4.40		30		
奶粉		kg	21.00	6			
白糖		kg	3.65	10			
香精		kg	51.60		2		
处理意见：盘亏盘盈的原材料计入管理费用。							

业务 17：12 月 31 日，根据收料单编制收料凭证汇总表。相关凭证如表 3-15 所示。

表 3-15　收料凭证汇总表 1

2014 年 12 月

材料名称	收入时间	数量/kg	单价/元	金额/元	期初余额		
					数量	单价	金额
鲜奶							
奶粉							
白糖							
香精							

业务 18：12 月 31 日，根据领料单编制领料凭证汇总表。相关凭证如表 3-16 所示。

表 3-16　领料凭证汇总表 1

2014 年 12 月

领料部门	领取材料名称	用途	数量/kg	单价/元	金额/元
基本生产车间	鲜奶 奶粉 白糖 香精	生产酸酸乳			

要求：采用加权平均单价填制领料凭证汇总表。

业务19：编制共同耗用材料分配表。相关凭证如表3-17所示。

表3-17 共同耗用材料分配表1

2014年12月31日

产品名称	分配标准	分配率	分配金额/元
250mL酸酸乳			
500mL酸酸乳			
合　计			

要求：按1:2的比例分配250mL酸酸乳及500mL酸酸乳共同耗用的材料。

业务20：编制耗用材料分配汇总表。相关凭证如表3-18所示。

表3-18 耗用材料分配汇总表1

2014年12月

耗用材料借记科目		鲜奶	奶粉	白糖	香精	其他	合计
生产成本——基本生产成本	250mL酸酸乳						
	500mL酸酸乳						
制造费用							
辅助生产成本							
管理费用							
合　计							

三、任务实施

各小组根据邢台蓝领集团公司12月份发生的有关存货业务进行以下账务处理：

（1）按先进先出法和加权平均法分别计算发出材料的实际成本。

（2）开设原材料总分类账及有关明细分类账并登记期初余额。

（3）根据经济业务填制部分原始凭证。

（4）根据原始凭证填制记账凭证。

（5）根据记账凭证逐笔登记原材料的总分类账及明细分类账。

（6）月末将原材料总分类账与明细分类账进行核对。

四、评价

以小组为单位，展示本组完成的会计处理。然后在教师点评的基础上对会计账务处理进行修改完善，并根据评分标准进行评分。

1. 教师点评

教师根据各小组的展示结果进行综合点评，指出各小组的优点及不足，并给出正确答案。

2．各组学生自评、互评

各小组派代表汇报完成工作过程中出现的问题及取得的收获，并互评。

3．填写原材料业务核算活动评价表（见表 3-19）

表 3-19　原材料业务核算活动评价表

活动＿＿＿＿＿＿＿＿＿　组别＿＿＿＿＿＿＿＿＿　评价人＿＿＿＿＿＿＿＿＿

项　目	自　评	互　评				教师点评				
识别原始凭证										
填制记账凭证										
登记明细分类账										
登记总分类账										
填制凭证的规范										
登记账簿的规范										
语言表达能力										
团结协作精神										
工作纪律										
时间观念										
总　评										

注：各项评价满分 10 分，表现优秀为 10～8 分，合格为 7～6 分，不合格为 5～1 分。

活动三：周转材料业务核算

学习目标

1. 能准确地填制或审核包装物、低值易耗品等周转材料业务单据。
2. 能根据包装物、低值易耗品等周转材料业务准确地编制记账凭证。
3. 能准确地登记包装物、低值易耗品等周转材料的明细账和总账。
3. 学会分析和解决问题的方法。
4. 提高综合能力。

建议学时：8 学时

学习过程

一、知识准备

查阅资料并完成下列信息：

（一）周转材料的内容

周转材料是指企业能够多次使用，不符合________定义，逐渐转移其价值但仍然保持原有形态，不确认为__________的材料。企业的周转材料主要包括包装物和________，以及建筑施工企业的钢模版、木模版、脚手架等。

（二）包装物的概念及核算内容

1．包装物的概念

包装物是指为了包装本企业商品而储备的各种________，如桶、箱、袋等。

2．包装物的核算内容

请同学们查阅资料，讨论、总结包装物的核算内容（见表 3-20）。

表 3-20　包装物的核算内容

识别包装物的核算内容	
包装物的核算内容	① 生产过程中领用作为_______组成部分的包装物
	② 随同产品出售_______计价的包装物
	③ 随同产品出售_______计价的包装物
	④ 出租给商品购买单位使用的_______
	⑤ 出借给商品购买单位使用的_______
不包括在包装物范围内的物资	① 各种一次性包装材料。如纸、绳、铁丝等，应作为_______核算
	② 用于储存商品、材料而不对外出售的包装物，应按其价值大小和使用时间分别作为_______和_______核算
	③ 以销售为目的的外购或自制包装物，应在_______核算

（三）包装物的核算科目设置

为核算企业包装物收入、发出和结存情况，应设置“_________”科目，另外，根据包装物使用和摊销情况还应在“__________”总账科目下，设置“在库包装物”“在用包装物”和“包装物摊销”3 个明细科目。

请同学们完成“周转材料——包装物”会计科目的“T”字形账户的借贷及余额的登记，如图 3-41 所示。

借方	周转材料包装物	贷方

图 3-41　周转材料——包装物“T”字形账户

（四）包装物业务核算内容

总结讨论包装物业务核算内容，完成相应的会计处理（见表 3-21）。

表 3-21　周转材料——包装物业务核算

包装物业务内容		会 计 处 理
包装物的核算	包装物收入的核算	企业外购、自制、委托加工完成验收入库的包装物的核算与“原材料”核算方法相同 借：__________——木箱 应交税费——应交增值税（进项税额） 贷：银行存款
	生产过程中领用包装物	企业在生产中领用的，作为产品成本的组成部分 借：__________ 贷：周转材料——在库包装物
	随同商品出售不单独计价	不单独计价，即企业在销售产品时无偿提供包装物给购买方的，应列为企业的__________ 借：__________ 贷：周转材料——在库包装物
	随同商品出售单独计价	单独计价，即企业在销售商品时，附带也销售了包装物，视同其他业务处理 借：__________ 贷：周转材料——在库包装物
	出租包装物	收租金及结转成本处理同随同出售单独计价包装物 收取押金：
	出借包装物	随同商品出售不单独计价

（五）低值易耗品的概念及核算内容

1．低值易耗品概念

低值易耗品是指单位价值较低、使用时间较短，不能作为________的各种用具物品。

2．低值易耗品的特点

（1）具有____________相同的特征。

（2）具有与____________相似的特点。

3．注意识别低值易耗品和固定资产、原材料的概念

在学习过程中要注意识别低值易耗品、固定资产和原材料。

（六）低值易耗品核算科目设置

设置“周转材料”一级账户，分为①在库低值易耗品；②在用低值易耗品；③低值易耗品摊销 3 个明细科目核算。

请同学们完成“周转材料——低值易耗品”会计科目的“T”字形账户的借贷及余额的登记（见图 3-42）。

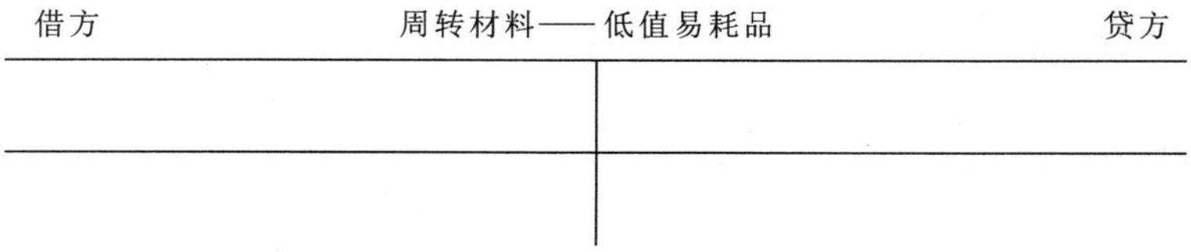

图 3-42　周转材料——低值易耗品“T”字形账户

（七）低值易耗品业务核算内容

总结讨论低值易耗品业务核算内容，完成相应的会计处理（见表 3-22）。

表 3-22 周转材料——低值易耗品业务核算内容

<table>
<tr><th colspan="3">业务内容</th><th>会计处理</th></tr>
<tr><td rowspan="3">低值易耗品的核算</td><td colspan="2">低值易耗品收入的核算</td><td>对低值易耗品验收入库的程序和核算方法与______核算完全相同
借：周转材料——在库低值易耗品
应交税费——应交增值税（进项税额）
贷：银行存款</td></tr>
<tr><td rowspan="2">低值易耗品领用摊销的核算</td><td>一次摊销法</td><td>借：______
贷：周转材料——在库低值易耗品</td></tr>
<tr><td>五五摊销法</td><td>1．领用时：
① 发出低值易耗品时：
借：周转材料——______低值易耗品
贷：周转材料——______低值易耗品
② 发出低值易耗品时摊销其价值的 50%：
借：制造费用
管理费用
贷：周转材料——低值易耗品______
2．报废时：
① 摊销其价值的另外 50%：
借：制造费用
管理费用
贷：周转材料——低值易耗品______
② 回收残料价值：
借：原材料
贷：制造费用
管理费用
③ 转销报废低值易耗品：
借：周转材料——低值易耗品______
贷：周转材料——______低值易耗品</td></tr>
</table>

（八）根据信息咨询完成下列问题

（1）什么是周转材料？请举例说明。

（2）什么情况下包装物被领用时其成本记入“销售费用”账户？为什么？

（3）包装物核算和低值易耗品核算涉及的账户有哪些？

（4）举例说明低值易耗品核算的五五摊销法和一次摊销法的具体运用。

二、布置任务

根据邢台蓝领集团公司 12 月份发生的有关周转材料业务进行账务处理。

邢台蓝领集团公司 12 月 1 日周转材料及相关的明细科目余额如表 3-23 所示。

表 3-23　周转材料及相关的明细科目余额

总账科目	明细科目				
	名称	单位	数量	单价/元	金额/元
周转材料	包装物：				
	纸箱	个	2 000	1.80	3 600
	250mL 内包装	箱	30	400	12 000
	500mL 内包装	箱	30	400	12 000
	低值易耗品：				
	高强石墨垫	个	20	70	1 400
	250W 射灯	个	15	200	3 000
	卫生管	m	30	75	2 250
	管理用具	件	60	20	1 200

邢台蓝领集团公司 12 月份发生的有关周转材料业务如下：

业务 1：12 月 1 日，邢台蓝领集团公司向石家庄华丽纸业公司购入 250mL 内包装 200 箱，500mL 内包装 180 箱。相关凭证如图 3-43 和图 3-44 所示。

中国工商银行电汇凭证（回单）　　1

□普通　　□加急　　委托日期　2014 年 12 月 1 日

汇款人	全　称	邢台蓝领集团公司	收款人	全　称	石家庄华丽纸业公司
	账　号	13051588974463215556		账　号	13001212546321787658
	汇出地点	河北省邢台市/县		汇入地点	河北省石家庄市/县
汇出行名称		中国工商银行邢台钢北支行	汇入行名称		中国工商银行中山路支行

金额	人民币（大写）	亿	千	百	十	万	千	百	十	元	角	分
	壹拾玖万贰仟捌佰壹拾陆元整			¥	1	9	2	8	1	6	0	0

款项已汇入收款人账户 中国工商银行 河北省分行 结算专用章 汇出行签章	支付密码 附加信息及用途： 购买包装箱 复核：　　记账：

图 3-43　电汇凭证 2

1300113130　　**河北省增值税专用发票**　　No. 019411**

校验码 48163 59032 22269 87*** 　　发票联　　开票日期：2014 年 12 月 1 日

购货单位	名　　称：邢台蓝领集团公司 纳税人识别号：130503506792859 地址、电话：邢台市钢铁北路 850 号 2608888 开户银行及账号：中国工商银行邢台钢北支行 13051588974463215556	密码区	（略）

货物或应税劳务名称	规格型号	单位	数量	单价	金额	税率	税额
包装箱	250mL	箱	200	410.00	82 000.00	17%	13 940.00
包装箱	500mL	箱	180	460.00	82 800.00	17%	14 076.00
合　计					¥ 164 800.00		¥ 28 016.00
价税合计（大写）	人民币壹拾玖万贰仟捌佰壹拾陆元整				（小写）¥ 192 816.00		

销货单位	名　　称：石家庄华丽纸业公司 纳税人识别号：130001541236987 地址、电话：石家庄市中山路 11 号 5670346 开户银行及账号：中国工商银行中山路支行 13001212546321787658	备注	

收款人：　　复核：　　开票人：张建栋　　销货单位：（章）

国税函（2011）318 号北京至美数码防伪印务有限公司

第二联 发票联 购货方记账凭证

图 3-44　增值税专用发票 12

业务 2：12 月 2 日，前一日购入的包装物入库。相关凭证如图 3-45 所示。

材料入库单

供应单位：石家庄华丽纸业公司　　2014 年 12 月 2 日　　发票号：

材料类别	材料名称	规格	计量单位	数量	实收数量	单位成本	金额							
							十	万	千	百	十	元	角	分
检验结果		检验员签章		运杂费										
				合计			¥							
备注														

第三联 会计

会计：　　出纳：　　复核：　　记账：　　制单：

图 3-45　材料入库单 11

业务 3：12 月 8 日，生产车间领用 250mL 内包装 60 箱，500mL 内包装 80 箱。相关凭证如图 3-46 所示。

领　料　单

领料部门：生产车间　　　　　　2014 年 12 月 8 日

材料		单位	数量		单位成本/元	金额/元	过账
名称	规格		请领	实发			
工作单号		用途	用于包装企业产品				
工作项目							

会计主管：杨阳　　　　记账：　　　　发料：张凌　　　　领料：徐瑞

图 3-46　领料单 5

业务 4：12 月 12 日，向石家庄华丽纸业公司购入纸箱。相关凭证如图 3-47～图 3-49 所示。

1300113130　　　　**河北省增值税专用发票**　　　　No. 019411**

校验码 48163 59032 22269 87***　　　　发票联　　　　开票日期：2014 年 12 月 12 日

购货单位	名称：邢台蓝领集团公司 纳税人识别号：130503506792859 地址、电话：邢台市钢铁北路 850 号 2608888 开户银行及账号：中国工商银行邢台钢北支行 13051588974463215556				密码区	（略）		
货物或应税劳务名称	规格型号	单位	数量	单价	金额	税率	税额	
纸箱		个	18 000	1.85	33 300.00	17%	5 661.00	
合　计					¥ 33 300.00		¥ 5 661.00	
价税合计（大写）	人民币叁万捌仟玖佰陆拾壹元整				（小写）¥ 38 961.00			
销货单位	名称：石家庄华丽纸业公司 纳税人识别号：130003786263667 地址、电话：石家庄市中山路 11 号 5670346 开户银行及账号：中国工商银行中山路支行 13001212546321787658				备注			

国税函（2011）318 号北京至美数码防伪印务有限公司

第二联　发票联　购货方记账凭证

收款人：　　　　复核：　　　　开票人：张建栋　　　　销货单位：（章）

图 3-47　增值税专用发票 13

商业承兑汇票

汇票号码：00087**

出票日期

（大写）贰零壹肆年壹拾贰月壹拾贰日

付款人	全　称	邢台蓝领集团公司		收款人	全　称	石家庄华丽纸业公司							
	账　号	13051588974463215556			账　号	13001212546321787658							
	开户银行	中国工商银行邢台钢北支行			开户银行	中国工商银行中山路支行							
出票金额		人民币（大写）　叁万捌仟玖佰陆拾壹元整			百	十	万	千	百	十	元	角	分
						¥	3	8	9	6	1	0	0
汇票到期日（大写）		贰零壹伍年零贰月零玖日			付款人开户银行	账号							
						地址							
交易合同号：03870					备注：								
出票人签章：													

图 3-48　商业承兑汇票 1

材料入库单

供应单位：石家庄华丽纸业公司　　2014 年 12 月 12 日　　发票号：

材料类别	材料名称	规格	计量单位	数量	实收数量	单位成本	金额							
							十	万	千	百	十	元	角	分
检验结果		检验员签章		运杂费										
				合计			¥							
备注														

第三联　会计

会计：　　出纳：　　复核：　　记账：　　制单：

图 3-49　材料入库单 12

业务 5：12 月 15 日，销售部门领用纸箱 500 个，每个 1.847 元（不单独计价）相关凭证如图 3-50 所示。

领　料　单

领料部门：销售部门　　2014 年 12 月 15 日

材料		单位	数量		单位成本/元	金额/元	过账
名称	规格		请领	实发			
工作单号		用途	销售 250mL 酸酸乳				
工作项目							

会计主管：杨阳　　记账：　　发料：张凌　　领料：徐瑞

图 3-50　领料单 6

业务 6：12 月 21 日向邢台物资公司销售不需用的纸箱。相关凭证如图 3-51～图 3-53 所示。

1300113130　　**河北省增值税专用发票**　　No. 019411**

校验码 48163 59032 22269 87***　此联不做报销、扣税凭证使用　开票日期：2014 年 12 月 21 日

国税函（2011）318 号北京至美数码防伪印务有限公司

购货单位	名　　称：邢台物资公司 纳税人识别号：130503506791234 地址、电话：邢台市开元路 256 号 2606785 开户银行及账号：中国工商银行邢台开元支行 13051588974463210654				密码区	（略）	
货物或应税劳务名称	规格型号	单位	数量	单价	金额	税率	税额
纸箱		个	1 000	2.00	2 000.00	17%	340.00
合　计					¥ 2 000.00		¥ 340.00
价税合计（大写）	人民币贰仟叁佰肆拾元整				（小写）¥ 2 340.00		
销货单位	名　　称：邢台蓝领集团公司 纳税人识别号：130503506792859 地址、电话：邢台市钢铁北路 850 号 2608888 开户银行及账号：中国工商银行邢台钢北支行 13051588974463215556				备注		

第一联 记账联 销货方记账凭证

收款人：　　复核：　　开票人：张建栋　　销货单位：（章）

图 3-51　增值税专用发票 14

中国工商银行 进账单（收账通知）　　3

2014 年 12 月 21 日

出票人	全　　称	邢台物资公司	收款人	全　　称	邢台蓝领集团公司							
	账　　号	13051588974463210654		账　　号	13051588974463215556							
	开户银行	中国工商银行开元支行		开户银行	中国工商银行邢台钢北支行							
金额	人民币（大写）贰仟叁佰肆拾元整		亿	千	百	十	万	千	百	十	元	角	分
							¥	2	3	4	0	0	0
票据种类	转账支票	票据张数	1									
票据号码												
复核：　　记账：				收款开户银行签章（章）								

此联是收款人开户银行交给收款人的收账通知

图 3-52　进账单 3

领　料　单

领料部门：销售部门　　　　　2014 年 12 月 21 日

材料		单位	数量		单位成本/元	金额/元	过账
名称	规格		请领	实发			
工作单号		用途	销售酸酸乳包装箱				
工作项目							

会计主管：杨阳　　　　　记账：　　　　　发料：张凌　　　　　领料：徐瑞

图 3-53　领料单 7

业务 7：12 月 25 日，邢台蓝领集团公司基本生产车间领用高强石墨垫 4 个，250W 射灯 5 个，卫生管 15m。采用五五摊销法摊销相关凭证如图 3-54～图 3-56 所示。

领　料　单

领料部门：基本生产车间　　　　　2014 年 12 月 25 日

材料		单位	数量		单位成本/元	金额/元	过账
名称	规格		请领	实发			
工作单号		用途	生产酸酸乳				
工作项目							

会计主管：杨阳　　　　　记账：　　　　　发料：张凌　　　　　领料：徐瑞

图 3-54　领料单 8

领　料　单

领料部门：基本生产车间　　　　　2014 年 12 月 25 日

材料		单位	数量		单位成本/元	金额/元	过账
名称	规格		请领	实发			
工作单号		用途	生产照明				
工作项目							

会计主管：杨阳　　　　　记账：　　　　　发料：张凌　　　　　领料：徐瑞

图 3-55　领料单 9

领　料　单

领料部门：基本生产车间　　　　2014 年 12 月 25 日

材料		单位	数量		单位成本/元	金额/元	过账
名称	规格		请领	实发			
工作单号		用途	生产酸酸乳				
工作项目							

会计主管：杨阳　　记账：　　发料：张凌　　领料：徐瑞

图 3-56　领料单 10

业务 8：12 月 26 日，辅助生产车间领用管理用具 20 件，行政管理部门领用管理用具 8 件。相关凭证如图 3-57 和图 3-58 所示。

领　料　单

领料部门：辅助生产车间　　　　2014 年 12 月 26 日

材料		单位	数量		单位成本/元	金额/元	过账
名称	规格		请领	实发			
工作单号		用途	物料消耗				
工作项目							

会计主管：杨阳　　记账：　　发料：张凌　　领料：徐瑞

图 3-57　领料单 11

领　料　单

领料部门：行政管理部门　　　　2014 年 12 月 26 日

材料		单位	数量		单位成本/元	金额/元	过账
名称	规格		请领	实发			
工作单号		用途	物料消耗				
工作项目							

会计主管：杨阳　　记账：　　发料：张凌　　领料：徐瑞

图 3-58　领料单 12

业务 9：12 月 31 日，仓库盘点，出具报告。相关凭证如表 3-24 所示。

表 3-24　仓库盘点表 3

品　　名	规　　格	计量单位	单　　价	数　　量		金　　额	原　　因
				盘盈	盘亏		
周转材料：							
250mL 内包装		箱	410.00		1		原因待查
500mL 内包装		箱	460.00		1		
处理意见：							

业务 10：核销盘亏盘盈材料。相关凭证如表 3-25 所示。

表 3-25　仓库盘点表 4

品　　名	规格	计量单位	单　　价	数　　量		金　　额	原　　因
				盘盈	盘亏		
周转材料：							
250mL 内包装		箱	410.00		1		
500mL 内包装		箱	460.00		1		
处理意见：盘亏盘盈的原材料计入管理费用。							

业务 11：12 月 31 日，根据收料单编制收料凭证汇总表。相关凭证如表 3-26 所示。

表 3-26　收料凭证汇总表 2

2014 年 12 月份

材料名称	收入时间	数量	单价/元	金额/元	期初余额		
					数量	单价/元	金额/元
低值易耗品：							
高强石墨垫							
250W 射灯							
卫生管							
管理用具							
包装物：							
纸箱							
250mL 内包装							
500mL 内包装							

业务 12：根据领料单，采用加权平均单价编制领料凭证汇总表。相关凭证如表 3-27 所示。

表 3-27　领料凭证汇总表 2

2014 年 12 月

领料部门	领取材料名称	用途	数量	单价/元	金额/元
基本生产车间		生产酸酸乳			
	高强石墨垫				
	250W 射灯				
	卫生管				
	250mL 内包装				
	500mL 内包装				
辅助生产车间	管理用具	物料消耗			
行政管理部门	管理用具	物料消耗			

业务 13：编制共同耗用材料分配表。相关凭证如表 3-28 所示。

表 3-28　共同耗用材料分配表 2

2014 年 12 月 31 日

产品名称	分配标准	分配率	分配金额
250mL 酸酸乳			
500mL 酸酸乳			
合计			

要求：按 1:2 的比例分配 250mL 酸酸乳及 500mL 酸酸乳共同耗用的材料。

业务 14：编制耗用材料分配汇总表。相关凭证如表 3-29 所示。

表 3-29　耗用材料分配汇总表 2

2014 年 12 月

耗用材料 借记科目		包装物	纸箱	管理用具	其他	合计
生产成本——基本生产成本	250mL 酸酸乳					
	500mL 酸酸乳					
制造费用						
辅助生产成本						
管理费用						
合计						

三、任务实施

各小组根据 12 月份发生的有关周转材料业务分组进行账务处理。

（1）按先进先出法和加权平均法分别计算发出材料的实际成本。

（2）开设周转材料总分类账及有关明细分类账并登记期初余额。

(3) 根据经济业务填制部分原始凭证。

(4) 根据原始凭证填制记账凭证。

(5) 根据记账凭证逐笔登记周转材料的总分类账及明细分类账。

(6) 月末将周转材料总分类账与明细分类账进行核对。

四、评价

以小组为单位，展示本组完成的会计处理。然后在教师点评的基础上对会计账务处理进行修改完善，并根据评分标准进行评分。

1. 教师点评

教师根据各小组的展示结果进行综合点评，指出各小组的优点及不足，并给出正确答案。

2. 各组学生自评、互评

各小组派代表汇报完成工作过程中出现的问题及取得的收获，并互评。

3. 填写周转材料业务核算活动评价表（见表 3-30）

表 3-30　周转材料业务核算活动评价表

活动__________　组别__________　评价人__________

项　目	自　评	互　评				教师点评				
识别原始凭证										
填制记账凭证										
登记明细分类账										
登记总分类账										
填制凭证的规范										
登记账簿的规范										
语言表达能力										
团结协作精神										
工作纪律										
时间观念										
总　评										

注：各项评价满分 10 分，表现优秀为 10～8 分，合格为 7～6 分，不合格为 5～1 分。

活动四：库存商品业务核算

学习目标

1. 能准确地填制或审核库存商品出库单和入库单等业务单据。
2. 能根据库存商品等业务准确地编制记账凭证。

3. 能准确地登记库存商品等明细账和总账。
4. 学会分析和解决问题的方法。
5. 提高综合能力。

建议学时：6 学时

学习过程

一、知识准备

查阅资料并完成下列信息：

（一）库存商品的概念和种类

库存商品是指在企业已完成全部生产过程并已验收入库，可以作为商品直接______的产成品以及从外部购入直接______的商品。

库存商品包括库存产成品、外购商品、存放门市部准备出售的商品、发出展览的商品以及寄存在外的商品等。

（二）库存商品核算流程图

库存商品核算流程图如图 3-59 所示。

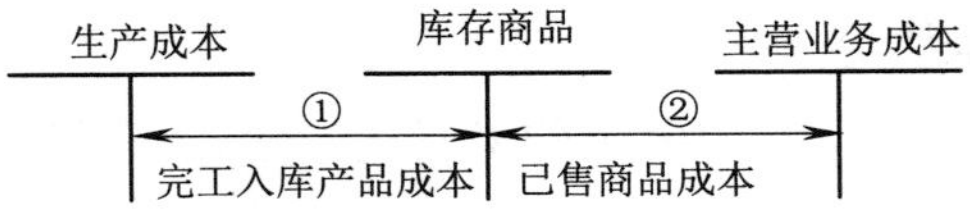

图 3-59　库存商品核算流程图

1. 库存商品核算科目设置

设置“库存商品”科目，该科目应按库存商品的种类、品种和规格设置明细账。

请同学们完成下面列举的“库存商品”会计科目的“T”字形账户的借贷及余额登记情况，如图 3-60 所示。

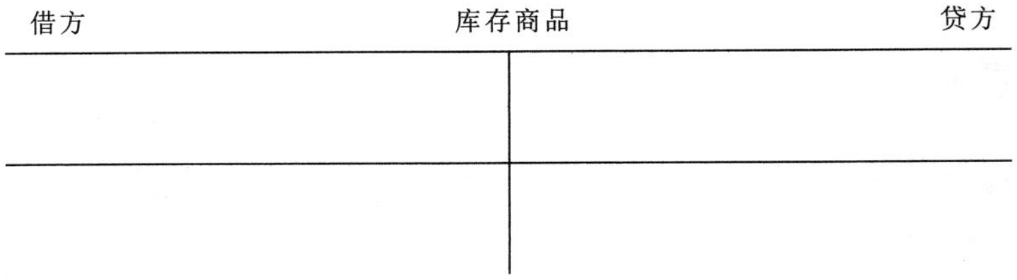

图 3-60　库存商品“T”字形账户

2．库存商品的计价方法

采用实际成本进行产成品日常核算的，发出产成品的实际成本，可以采用先进先出法、＿＿＿＿＿＿、个别认定法等方法计算确定。

3．库存商品业务核算内容

总结讨论库存商品业务核算内容，完成相应的会计处理。具体如表 3-31 所示。

表 3-31　库存商品业务核算内容

业务内容	会计处理
出售产成品	1．销售实现时： 借：银行存款 　　贷：主营业务收入 　　　　应交税费——应交增值税（销项税额） 2．结转成本时： 借：主营业务成本 　　贷：库存商品
产品完工入库	借：库存商品——A 商品 　　贷：＿＿＿＿＿＿

（三）库存商品期末计价业务核算

库存商品期末计价业务核算比照原材料清查期末计价业务核算进行处理。

但库存商品可变现净值分别由下列情况确定：

（1）产成品、商品等直接用于出售的商品存货，没有销售合同约定的，其可变现净值为＿＿＿＿＿＿＿＿＿＿＿＿＿＿＿＿＿＿＿＿。

（2）产成品、商品等是为执行销售合同或者劳务合同而持有的存货，其可变现净值为＿＿＿＿＿＿＿＿＿＿＿＿＿＿＿＿＿＿＿＿。

（四）根据信息完成下列问题

库存商品期末计价时，若销售合同订购的数量大于企业持有的库存商品的数量，则库存商品的可变现净值如何确定？

二、布置任务

根据以下邢台蓝领集团公司 12 月份发生的有关库存商品业务进行账务处理：

业务 1：12 月 1 日向邢台大新公司销售 500mL 酸酸乳 1 000 箱（每箱 20 瓶），250mL 酸酸乳 1000 箱（每箱 30 瓶）。相关凭证如图 3-61～图 3-63 所示。

1300113130　　**河北省增值税专用发票**　　No. 019411**

校验码 48163 59032 22269 87***　此联不做报销、扣税凭证使用　开票日期：2014 年 12 月 1 日

购货单位	名　称：邢台大新公司 纳税人识别号：130503506792859 地址、电话：邢台市开元路 256 号 2273390 开户银行及账号：中国工商银行邢台开元支行 13051588974463216643			密码区	（略）		
货物或应税劳务名称	规格型号	单位	数量	单价	金额	税率	税额
500mL 酸酸乳		箱	1 000	95.00	95 000.00	17%	16 150.00
250mL 酸酸乳		箱	1 000	75.00	75 000.00	17%	12 750.00
合　计					￥170 000.00		￥28 900.00
价税合计（大写）	人民币壹拾玖万捌仟玖佰元整				（小写）￥198 900.00		
销货单位	名　称：邢台蓝领集团公司 纳税人识别号：130503506792859 地址、电话：邢台市钢铁北路 850 号 2608888 开户银行及账号：中国工商银行邢台钢北支行 13051588974463215556				备注		

收款人：　　复核：　　开票人：张平　　销货单位：（章）

第一联　记账联　销货方记账凭证

图 3-61　增值税专用发票 15

中国工商银行 进账单（收账通知）　3

2014 年 12 月 1 日

出票人	全　称	邢台大新公司	收款人	全　称	邢台蓝领集团公司									
	账　号	13051588974463216643		账　号	13051588974463215556									
	开户银行	中国工商银行邢台开元支行		开户银行	中国工商银行邢台钢北支行									
金额	人民币（大写）	壹拾玖万捌仟玖佰元整		亿	千	百	十	万	千	百	十	元	角	分
						￥	1	9	8	9	0	0	0	0
票据种类	转账支票	票据张数	1											
票据号码														
复核：　记账：				收款开户银行签章（章）										

此联是收款人开户银行交给收款人的收账通知

图 3-62　进账单 4

产品出库单

购货单位：邢台大新公司　　2014 年 12 月 1 日　　编号：

产品名称	规格型号	计量单位	出库数量	单价/元	金额/元	备注
合计						

第一联 存根

提货人：沈庆华　发货人：李清　记账：　保管：王琛　制单：王琛

图 3-63　产品出库单 2

业务 2：12 月 3 日向石家庄红星公司销售 500mL 酸酸乳 1 000 箱（每箱 20 只），250mL 酸酸乳 500 箱（每箱 30 只）代垫运费 500 元。相关凭证如图 3-64～图 3-67 所示。

1300113130　　**河北省增值税专用发票**　　**No. 019411****

校验码 48163 59032 22269 87***　此联不做报销 扣税凭证使用　开票日期：2014 年 12 月 3 日

购货单位	名称：石家庄红星公司 纳税人识别号：130001541232231 地址、电话：石家庄市建华路 16 号 5230355 开户银行及账号：中国工商银行建华路支行 13001212546321789951	密码区	（略）				
货物或应税劳务名称	规格型号	单位	数量	单价	金额	税率	税额
500mL 酸酸乳		箱	1 000	95.00	95 000.00	17%	16 150.00
250mL 酸酸乳		箱	500	75.00	37 500.00	17%	6 375.00
合计					￥132 500.00		￥22 525.00
价税合计（大写）	人民币壹拾伍万伍仟零贰拾伍元整				（小写）￥155 025.00		
销货单位	名称：邢台蓝领集团公司 纳税人识别号：130503506792859 地址、电话：邢台市钢铁北路 850 号 2608888 开户银行及账号：中国工商银行邢台钢北支行 13051588974463215556	备注					

第一联 记账联 销货方记账凭证

收款人：　复核：　开票人：张平　销货单位：（章）

图 3-64　增值税专用发票 16

托 收 凭 证（回单）

委托日期 2014 年 12 月 3 日

业务类型		委托收款（□邮划、□电划）　　托收承付（□邮划、□电划）							
付款人	全　称	石家庄红星公司				收款人	全　称	邢台蓝领集团公司	
	账　号	130012125463217899					账　号	1305158897446321556	
	地　址	河北省石家庄	市县	开户银行	中国工商银行		地　址	河北省邢台 市县	开户银行 中国工商银行

金额	人民币（大写）	人民币壹拾伍万伍仟零贰拾伍元整	亿	千	百	十	万	千	百	十	元	角	分
					¥	1	5	5	0	2	5	0	0

款项内容	货　款	托收凭据名　称	托收承付凭证（电划）	附寄单证张数	
商品发运情况		合同名称号码			
备注： 复核：　　记账：		款项收妥日期 年　月　日		收款人开户银行签章（章） 2014 年 12 月 3 日	

此联作收款人开户银行给收款人的受理回单

图 3-65　托收凭证 3

产品出库单

购货单位：石家庄红星公司　　2014 年 12 月 3 日　　编号：

产 品 名 称	规 格 型 号	计 量 单 位	出 库 数 量	单价/元	金额/元	备　注
合　计						

第一联　存根

提货人：沈庆华　　发货人：李清　　记账：　　保管：王琛　　制单：王琛

图 3-66　产品出库单 3

（现金）报销单________________

2014 年 12 月 3 日

费用类别 摘要　代垫运费 现金（大写）伍佰元整　　¥500.00	
备注	

单位主管：　　审核：　　验证：　　经办：

图 3-67　报销单

业务 3：12 月 9 日向石家庄新兴公司销售 500mL 酸酸乳和 250mL 酸酸乳。相关凭证如图 3-68～图 3-71 所示。

1300113130　　**河北省增值税专用发票**　　No. 019411**

校验码 48163 59032 22269 87***　此联不做报销、扣税凭证使用　开票日期：2014 年 12 月 9 日

国税函（2011）318 号北京至美数码防伪印务有限公司

购货单位	名　　称：石家庄新兴公司 纳税人识别号：130001541238321 地址、电话：石家庄市建设路 86 号 5130352 开户银行及账号：中国工商银行建设路支行 13001212546321781234			密码区	（略）		
货物或应税劳务名称	规格型号	单位	数量	单价	金额	税率	税额
500mL 酸酸乳		箱	1 000	95.00	95 000.00	17%	16 150.00
250mL 酸酸乳		箱	1 000	75.00	75 000.00	17%	12 750.00
合　　计					¥170 000.00		¥28 900.00
价税合计（大写）	人民币壹拾玖万捌仟玖佰元整				（小写）¥198 900.00		
销货单位	名　　称：邢台蓝领集团公司 纳税人识别号：130503506792859 地址、电话：邢台市钢铁北路 850 号 2608888 开户银行及账号：中国工商银行邢台钢北支行 13051588974463215556			备注			

第一联　记账联　销货方记账凭证

收款人：　　复核：　　开票人：张平　　销货单位：（章）

图 3-68　增值税专用发票 17

托收凭证（回单）

委托日期 2014 年 12 月 9 日

业务类型	委托收款（□邮划、□电划）　托收承付（□邮划、□电划）														
付款人	全　称	石家庄新兴公司			收款人	全　称	邢台蓝领集团公司								
	账　号	13001212546321781234				账　号	13051588974463215556								
	地　址	河北省石家庄市县	开户银行	中国工商银行		地　址	河北省邢台　市县	开户银行	中国工商银行						
金额	人民币（大写）　人民币壹拾玖万捌仟玖佰元整					亿	千	百	十	万	千	百	十	元	角	分
								¥	1	9	8	9	0	0	0	0
款项内容	货　　款	托收凭据名　　称	托收承付凭证（电划）		附寄单证张数										
商品发运情况			合同名称号码												
备注： 复核：　记账：		款项收妥日期 年　月　日		收款人开户银行签章（章） 2014 年 12 月 9 日											

此联作收款人开户银行给收款人的受理回单

图 3-69　托收凭证 4

产品出库单

购货单位：石家庄新兴公司　　　2014 年 12 月 9 日　　　编号：

产品名称	规格型号	计量单位	出库数量	单价	金额	备注
合计						

第一联 存根

提货人：沈庆华　　发货人：李清　　记账：　　保管：王琛　　制单：王琛

图 3-70　产品出库单 4

中国工商银行

转账支票存根

10201320

036293**

附加信息________________

出票日期 2012 年 12 月 9 日

收款人：	邢台市汽车运输公司
金　额：	¥1 000.00
用　途：	代垫运杂费

单位主管：　　　会计：

图 3-71　转账支票存根 9

业务 4：12 月 15 日向邢台红日公司销售 500mL 酸酸乳 1 000 箱（每箱 20 只）。相关凭证如图 3-72～图 3-74 所示。

1300113130　　　**河北省增值税专用发票**　　　**No. 019411****

校验码 48163 59032 22269 87***　此联不作报销、扣税凭证使用　开票日期：2014 年 12 月 15 日

国税函（2011）318 号北京至美数码防伪印务有限公司

购货单位	名　　称：邢台红日公司 纳税人识别号：130503506798876 地址、电话：邢台市开元路 256 号 2224218 开户银行及账号：中国工商银行邢台开元支行 13051588974463210062	密码区	（略）

货物或应税劳务名称	规格型号	单位	数量	单价	金额	税率	税额
500mL 酸酸乳		箱	1 000	95.00	95 000.00	17%	16 150.00
合计					¥95 000.00		¥16 150.00
价税合计（大写）	人民币壹拾壹万壹仟壹佰伍拾元整				（小写）¥111 150.00		

销货单位	名　　称：邢台蓝领集团公司 纳税人识别号：130503506792859 地址、电话：邢台市钢铁北路 850 号 2608888 开户银行及账号：中国工商银行邢台钢北支行 13051588974463215556	备注	

第一联 记账联 销货方记账凭证

收款人：　　复核：　　开票人：张平　　销货单位：（章）

图 3-72　增值税专用发票 18

中国工商银行 进账单（收账通知） 3

2014 年 12 月 15 日

出票人	全　　称	邢台红日公司	收款人	全　　称	邢台蓝领集团公司
	账　　号	13051588974463210062		账　　号	13051588974463215556
	开户银行	中国工商银行邢台开元支行		开户银行	中国工商银行邢台钢北支行

金额	亿	千	百	十	万	千	百	十	元	角	分
人民币（大写）壹拾壹万壹仟壹佰伍拾元整			¥	1	1	1	1	5	0	0	0

票据种类	转账支票	票据张数	1
票据号码			
复核：　记账：		收款开户银行签章（章）	

此联是收款人开户银行交给收款人的收账通知

图 3-73　进账单 5

产品出库单

购货单位：邢台红日公司　　2014 年 12 月 15 日　　编号：

产品名称	规格型号	计量单位	出库数量	单　价	金　额	备　注
合　计						

第一联　存根

提货人：沈庆华　　发货人：李清　　记账：　　保管：王琛　　制单：王琛

图 3-74　产品出库单 5

业务 5：12 月 16 日向邢台大新公司销售 250mL 酸酸乳 2 000 箱。付款条件为：2/10、1/20、*n*/30，产品已发出。相关凭证如图 3-75 所示。

1300113130　　**河北省增值税专用发票**　　No. 019411**

校验码 48163 59032 22269 87***　此联不做报销、扣税凭证使用　开票日期：2014 年 12 月 16 日

购货单位	名　　称：邢台大新公司 纳税人识别号：130503506792859 地址、电话：邢台市开元路 256 号 2273390 开户银行及账号：中国工商银行邢台开元支行 13051588974463216643			密码区	（略）		
货物或应税劳务名称	规格型号	单位	数量	单价	金额	税率	税额
250mL 酸酸乳		箱	2 000	75.00	150 000.00	17%	25 500.00
合　计					¥150 000.00		¥25 500.00
价税合计（大写）	人民币壹拾柒万伍仟伍佰元整				（小写）¥175 500.00		
销货单位	名　　称：邢台蓝领集团公司 纳税人识别号：130503506792859 地址、电话：邢台市钢铁北路 850 号 2608888 开户银行及账号：中国工商银行邢台钢北支行 13051588974463215556			备注			

国税函（2011）318 号北京至美数码防伪印务有限公司

第一联　记账联　销货方记账凭证

收款人：　　复核：　　开票人：张平　　销货单位：（章）

图 3-75　增值税专用发票 19

业务 6：12 月 20 日，收到邢台大新公司的货款。相关凭证如图 3-76 所示。

中国工商银行 进账单（收账通知）　　3

2014 年 12 月 20 日

<table>
<tr><td rowspan="3">出票人</td><td>全　　称</td><td>邢台大新公司</td><td rowspan="3">收款人</td><td>全　　称</td><td colspan="11">邢台蓝领集团公司</td></tr>
<tr><td>账　　号</td><td>13051588974463216643</td><td>账　　号</td><td colspan="11">13051588974463215556</td></tr>
<tr><td>开户银行</td><td>中国工商银行邢台开元支行</td><td>开户银行</td><td colspan="11">中国工商银行邢台钢北支行</td></tr>
<tr><td rowspan="2">金额</td><td colspan="4" rowspan="2">人民币（大写）壹拾柒万贰仟伍佰元整</td><td>亿</td><td>千</td><td>百</td><td>十</td><td>万</td><td>千</td><td>百</td><td>十</td><td>元</td><td>角</td><td>分</td></tr>
<tr><td></td><td></td><td>¥</td><td>1</td><td>7</td><td>2</td><td>5</td><td>0</td><td>0</td><td>0</td><td>0</td></tr>
<tr><td colspan="2">票据种类</td><td>转账支票</td><td>票据张数</td><td>1</td><td colspan="11" rowspan="3">收款开户银行签章（章）</td></tr>
<tr><td colspan="2">票据号码</td><td colspan="3"></td></tr>
<tr><td colspan="5">复核：　　　　记账：</td></tr>
</table>

此联是收款人开户银行交给收款人的收账通知

图 3-76　进账单 6

业务 7：邢台蓝领集团公司库存商品核算采用实际成本法，2014 年 12 月 31 日，仓库送来产品入库单，验收生产车间完工的 500mL 酸酸乳 120 000 瓶，完工的 250mL 酸酸乳 120 000 瓶，成本计算单如图 3-77 和图 3-78 所示。

产品成本计算单

产品名称：500mL 酸酸乳　　　　2014 年 12 月

项　　目	直接材料	直接人工	制造费用	合　　计
月初在产品成本	35 711.33	18 724	7 430.28	61 865.61
本月生产费用	264 288.67	43 776	17 569.72	325 634.39
生产费用合计	300 000	62 500	25 000	387 500
约当生产总量	125 000	125 000	125 000	
单位成本	2.4	0.5	0.2	3.1
完工产品成本	288 000	60 000	24 000	372 000
月末在产品成本	12 000	2 500	1 000	15 500

图 3-77　产品成本计算单 1

产品成本计算单

产品名称：250mL 酸酸乳　　　　2014 年 12 月

项　　目	直接材料	直接人工	制造费用	合　　计
月初在产品成本	37 153.77	15 036	6 718.12	58 907.89
本月生产费用	138 346.23	20 064	6 781.88	165 192.11
生产费用合计	175 500	35 100	13 500	224 100
约当生产总量	135 000	135 000	135 000	
单位成本	1.30	0.26	0.1	1.66
完工产品成本	156 000	31 200	12 000	199 200
月末在产品成本	19 500	3 900	1 500	24 900

图 3-78　产品成本计算单 2

业务 8：12 月 31 日结转本月销售产品的生产成本，500mL 酸酸乳每箱成本 62 元，250mL 酸酸乳每箱成本 49.8 元。相关凭证如表 3-32 所示。

表 3-32　营业成本计算表

2014 年 12 月 31 日

产品名称	销售数量	单位成本/元	销售总成本/元

业务 9：12 月 31 日，邢台蓝领集团公司对公司产品进行盘点，出具报告。相关凭证如表 3-33 所示。

表 3-33　仓库盘点表 5

品名	规格	计量单位	单价	数量		金额/元	原因
				盘盈	盘亏		
500mL 酸酸乳		箱	62	3		186	
250mL 酸酸乳		箱	49.8		10	4 980	原因待查

注明：为生产 250mL 酸酸乳产品购进原材料的进项税额为 780 元。

业务 10：核销盘亏盘盈产品。相关凭证如表 3-34 所示。

表 3-34　仓库盘点表 6

品名	规格	计量单位	单价	数量		金额/元	原因
				盘盈	盘亏		
500mL 酸酸乳		箱	62	3			
250mL 酸酸乳		箱	49.8		100	4 980	

处理意见：盘亏的库存商品，经查，属于当年火灾造成的毁损。全部损失中，由保管员王佳一承担 800 元的责任，由市平安保险公司赔偿 3 000 元，其余由企业自行承担计入管理费用。盘盈的库存商品计入管理费用。

三、任务实施

各小组根据邢台蓝领集团公司 12 月份发生的有关库存商品业务进行账务处理。

（1）开设库存商品总分类账及有关明细分类账并登记期初余额。

（2）根据经济业务填制部分原始凭证。

（3）根据原始凭证填制记账凭证。

（4）根据记账凭证逐笔登记库存商品的总分类账及明细分类账。

（5）月末将库存商品总分类账与明细分类账进行核对。

四、评价

以小组为单位，展示本组完成的会计处理。然后在教师点评的基础上对会计账务处理进行修改完善，并根据评分标准进行评分。

1．教师点评

教师根据各小组的展示结果进行综合点评，指出各小组的优点及不足，并给出正确答案。

2．各组学生自评、互评

各小组派代表汇报完成工作过程中出现的问题及取得的收获，并互评。

3．填写库存商品业务核算活动评价表（见表3-35）

表3-35　库存商品业务核算活动评价表

活动________　组别________　评价人________

项　目	自　评	互　评				教 师 点 评				
识别原始凭证										
填制记账凭证										
登记明细分类账										
登记总分类账										
填制凭证的规范										
登记账簿的规范										
语言表达能力										
团结协作精神										
工作纪律										
时间观念										
总　评										

注：各项评价满分10分，表现优秀为10～8分，合格为7～6分，不合格为5～1分。

活动五：工作总结与评价

学习目标

1. 能正确规范地撰写总结。
2. 能采用多种形式进行成果展示。

3. 提高学生的自我展示与表达能力。
4. 提高学生的工作总结能力。
5. 提高学生的团队合作能力。
6. 学会分析和解决问题的方法，提高综合能力。

建议学时：2 学时

学习过程

一、学生汇报

各小组派代表汇报以下内容：
（1）本学习任务学习的内容。
（2）完成整个任务的过程，包括创新点、团队协作等。
（3）完成整个任务过程中出现的问题及采取的改进措施。
（4）完成整个任务过程的收获。

二、各小组检查汇报小组任务的完成情况

各小组成员检查各汇报小组操作步骤的内容，查看完整性、准确性，并纠正错误，填补疏漏。

三、教师点评及总结

（1）对各小组工作完成的情况以及汇报的情况进行点评。
（2）总结学习任务完成过程中出现的问题，以及任务的重点及难点。

四、总评

（1）收集各小组活动评价表，并交给教师。
（2）派小组代表汇总下表（见表 3-36 和表 3-37）。

表 3-36 “存货的核算”学习任务__________组成绩表

评价 活动	自评（20%）	互评（30%）				教师评价（50%）	总分
活动一							
活动二							
活动三							
活动四							
活动五							

表 3-37 “存货的核算”学习任务总评表

组别 / 活动					
活动一					
活动二					
活动三					
活动四					
活动五					
总　　分					

五、综合整个流程评选出最优秀的团队

最优秀的团队是______________组，其次是______________组。

学习任务四
应收款项业务的核算

学习目标

通过本学习任务的学习，学生应该：

1. 能够自行查阅资料，熟知应收款项业务的流程。
2. 能够根据任务要求，合理进行工作分工。
3. 能够正确编制应收款项业务的会计分录。
4. 能与教师有效沟通，提交任务并请教师检查。
5. 能够根据评价指标，客观公正地进行自评和互评。
6. 能够自选展示方法，介绍本组完成任务的全过程。

建议学时：20 学时

工作情境描述

邢台蓝领集团公司是一家集科研、生产、销售、服务于一体的大型国有企业，为增值税一般纳税人企业，增值税税率为 17%，主要生产 250mL 酸酸乳及 500mL 酸酸乳。财务经理要求财产物资岗位核算员，根据该单位 2014 年 12 月份发生的有关经济业务完成以下工作：对相关原始凭证进行审核，并根据这些审核无误的业务单据准确地编制记账凭证。

学习任务描述

应收款项业务根据邢台蓝领集团公司 12 月份发生的有关应收业务的原始单据，进行应收款项业务的核算。

学生在学完“基础会计”“基础会计实训”两门课程的基础上，进行本任务的学习。本任务是本课程学习任务的中间环节。

学生从教师处接受任务，能够根据邢台蓝领集团公司发生的业务单据，进行应收款项业务的核算。

任务流程

活动一：明确任务要求，资讯分析，制订计划

活动二：应收票据和应收账款的核算

活动三：预付账款和其他应收款的核算

活动四：坏账准备的核算

活动五：工作总结与评价

活动一：明确任务要求，资讯分析，制订计划

学习目标

1. 接受应收业务核算任务。
2. 明确任务要求，做好人员配置。
3. 能明确学习任务目标。
4. 能正确填写任务计划书。
5. 完成信息咨询内容。

建议学时：4 学时

学习过程

一、明确工作任务

任务书是工作过程的基本依据，其中明确了该项工作的工作内容、时间要求、相关责任人等信息。学生在开始工作任务前，必须读懂任务书的内容要求，准确获取该项工作的基本信息。应收款项业务的核算任务书如表 4-1 所示。

表 4-1 应收款项业务的核算任务书

任务名称	应收款项业务的核算	时间	20 学时
任务描述	根据邢台蓝领集团公司 12 月份发生的有关应收款项业务的原始单据，进行应收款项业务的核算 学生在学完“基础会计”“基础会计实训”两门课程的基础上，进行本任务的学习。本任务是本课程学习任务的中间环节 学生从教师处接受任务，能够根据邢台蓝领集团公司发生的业务单据，进行应收业务的核算		
工作情境	邢台蓝领集团公司是一家集科研、生产、销售、服务于一体的大型国有企业，为增值税一般纳税人企业，增值税税率为 17%，主要生产 250mL 酸酸乳及 500mL 酸酸乳。财务经理要求财产物资岗位核算员，根据该单位 2014 年 12 月份发生的有关经济业务完成以下工作：对相关原始凭证进行审核，并根据这些审核无误的业务单据准确地编制记账凭证		

（续）

任务名称	应收款项业务的核算	时间	20学时
任务目标	1. 能够自行查阅资料，熟知应收款项业务的流程 2. 能够根据任务要求，合理进行工作分工 3. 能够正确填制应收款项业务的记账凭证 4. 能与教师有效沟通，提交任务并请教师检查 5. 能够根据评价指标，客观公正地进行自评和互评 6. 能够自选展示方法，介绍本组完成任务的全过程		
资讯内容	1. 往来款项的相关知识 2. 应收账款、应收票据业务的账务处理流程和核算方法 3. 预付账款、其他应收款业务的账务处理流程和核算方法 4. 坏账准备的计提方法及业务处理		
实施步骤	活动一：明确任务要求，资讯分析，制订计划（4学时） 活动二：应收票据和应收账款的核算（4学时） 活动三：预付账款和其他应收款的核算（4学时） 活动四：坏账准备的核算（6学时） 活动五：工作总结与评价（2学时）		
评价要点	1. 自学和获取信息的能力 2. 组织与控制能力 3. 沟通协作能力 4. 编制记账凭证的能力 5. 登记账簿的能力 6. 语言表达能力 7. 总结归纳能力 8. 团队合作精神 9. 工作参与度 10. 工作的严谨细致性		
指导教师签字			

阅读任务书，以小组为单位讨论其内容，提炼、总结以下主要信息，再根据教师点评和组间讨论的意见，改正其中的错误和疏漏之处：

（1）任务书的要点有哪些？

____

____

（2）任务书的知识点有哪些？

____

____

二、收集以下信息，讨论并完成信息咨询内容

1. 小组讨论

（1）应收款项包括哪些具体内容？

____

____

（2）企业应收款项业务涉及哪些业务单据？

____

____

2．请查阅资料，回答问题

（1）应收票据是指企业因销售商品、提供劳务等而收到的______。

按承兑人分为__________和_________，按是否带息分为______和________。

（2）应收账款是指企业对外销售商品、材料以及提供劳务而应向购货方或接受劳务方收取的款项，包括企业在销售过程中代购货方垫付的_______、______，以及应向购货方收取的_______。

（3）在实际工作中，债权人为鼓励债务人在规定的期限内付款而向债务人提供的债务扣除，即_________。其表现形式为：_____，_____，_____等。

其含义是：销售方允许客户最长的付款期限为___天，客户在10天内付款给予____的现金折扣，20天付款给予____的现金折扣，30天付款____现金折扣。

（4）现金折扣实际上是企业为了尽快回笼资金而发生的理财费用，应在实际发生时计入当期_________。

（5）预付账款是指企业在商品交易中按双方合同约定______的部分货款。

（6）对于预付账款不多的企业，可以不设置“预付账款”账户，而直接通过“_________”科目核算。

（7）其他应收款是指企业因销售商品、材料、提供劳务等以外的其他非营业活动而引起的应收、暂付款项，包括应收的_________以及应向职工收取的各种_________等。

（8）坏账是指企业无法收回或收回的________的应收款项。由于发生坏账而遭受的损失，称为________。

坏账准备是企业按_________对可能发生的坏账损失而提取的_______。

坏账准备的计算公式为：__________________。

（9）企业会计准则规定：企业只能对___________和____________计提坏账准备；对_________和___________不计提坏账准备。如有确凿证据表明应收票据或预付账款无法收回，应先将其转为___________________后，再计提相应的坏账准备。

（10）坏账准备的计提方法有：____。

三、制订工作计划

工作计划是一个单位或团体在一定时期内为完成某项工作制订的工作安排，内容一般应包括人员分工、资料清单、工期安排等内容。

（1）制订工作计划，首先应查阅相关资料，明确完成本任务的基本操作步骤，具体如下：

1）________

2）________

3）________

……

（2）明确应收款项业务核算的基本步骤后，根据资料中的信息，结合小组讨论的意见，确定以下几个方面的内容：

① 人员的基本分工。

② 每个环节需要用到的资料，并归纳整理。

③ 对各个环节的用时做大致估计。

④ 有交叉作业情况时的人员和资料安排。

（3）小组查阅资料，完成老师布置的学习内容。

根据小组成员特点完成应收款项业务的核算任务小组分工表（见表 4-2）。

表 4-2　应收款项业务的核算任务小组分工表

小组成员名单	成员特点	小组中的分工	备注

四、填写活动评价表

以小组为单位，展示本组对任务的理解及知识准备情况，然后在教师点评的基础上根据明确任务要求活动评价表中的评分标准进行评分（见表 4-3）。

表 4-3　明确任务要求活动评价表

活动________　组别________　评价人________

项目	自评	互评				教师点评				
任务明确程度										
小组分工情况										
工作计划可行性										
兴趣										
学习主动性										
承担工作表现										
工作纪律										
协作精神										
时间观念										
总评										

注：各项评价满分 10 分，表现优秀为 10～8 分，合格为 7～6 分，不合格为 5～1 分。

活动二：应收票据和应收账款的核算

学习目标

1. 能在教师的指导下，制订工作计划，合理进行分工。
2. 能够根据日常业务单据，说出其反映的经济业务内容。
3. 能够根据工作分工，密切合作，完成各项任务。

建议学时：4 学时

学习过程

一、知识准备

查阅资料收集以下信息，讨论并完成信息咨询内容：

1．应收票据和应收账款业务的账户设置

请同学们完成下面列举的会计科目的“T”字形账户的借贷及余额的登记。

（1）“应收票据”科目“T”字形账户如图 4-1 所示。

借方　　应收票据　　贷方

图 4-1　应收票据“T”字形账户

（2）“应收账款”科目“T”字形账户如图 4-2 所示。

借方　　应收账款　　贷方

图 4-2　应收账款“T”字形账户

2．应收票据和应收账款业务的核算内容

总结讨论应收票据和应收账款业务的核算内容，完成相应的会计处理。如表 4-4 所示。

表 4-4　应收票据和应收账款业务的核算内容

业务内容		会计处理
应收票据	收到时	借：应收票据 贷：主营业务收入 应交税费——应交增值税（销项税额）
	票据到期，付款时	借：银行存款 贷：应收票据
	票据到期，对方未付时	借：应收账款 贷：应收票据
应收账款	发生时	借：应收账款 贷：主营业务收入 应交税费——应交增值税（销项税额）
	收回时	借：银行存款 贷：应收账款

二、布置任务

根据邢台蓝领集团公司 12 月份发生的有关应收业务进行账务处理。

邢台蓝领集团公司资料：

[开户银行] 中国工商银行邢台钢北支行　[账号] 13051588974463215556

[纳税人登记号] 130503506792859　[地址] 邢台市钢铁北路 850 号

[电话] 2608888　[法人代表] 李东华　[会计主管] 杨阳　[会计] 王方

[出纳] 张英　[记账] 赵磊　[税控机专管员] 王晓风 [复核] 李洋

业务 1：邢台蓝领集团公司委托银行收取销售货款，红旗公司以商业汇票抵付货款。如图 4-3 和图 4-4 所示。

托收凭证（收款通知）　　5

委托日期 2014 年 12 月 2 日

<table>
<tr><td colspan="2">业务类型</td><td colspan="4">委托收款（□邮划、□电划）</td><td colspan="6">托收承付（□邮划、□电划）</td></tr>
<tr><td rowspan="3">付款人</td><td>全　称</td><td colspan="4">红旗公司</td><td rowspan="3">收款人</td><td>全　称</td><td colspan="4">邢台蓝领集团公司</td></tr>
<tr><td>账　号</td><td colspan="4">754356777543322</td><td>账　号</td><td colspan="4">13051588974463215556</td></tr>
<tr><td>地址</td><td>河北省邢台</td><td>市县</td><td>开户银行</td><td>中国工商银行</td><td>地址</td><td>河北省邢台</td><td>市县</td><td>开户银行</td><td>中国工商银行</td></tr>
<tr><td>金额</td><td>人民币（大写）</td><td colspan="5">伍万叁仟陆佰捌拾元整</td><td colspan="5">亿 千 百 十 万 千 百 十 元 角 分
¥ 5 3 6 8 0 0 0</td></tr>
<tr><td colspan="2">款项内容</td><td colspan="2">货款</td><td>托收凭据名　称</td><td colspan="3">委托收款</td><td>附寄单证张数</td><td colspan="3">1 张</td></tr>
<tr><td colspan="3">商品发运情况</td><td colspan="3"></td><td colspan="3">合同名称号码</td><td colspan="3"></td></tr>
<tr><td colspan="4">备注：
付款人开户银行收到日期
年　月　日
复核：　记账：</td><td colspan="4">收款人开户银行签章
年　月　日</td><td colspan="4"></td></tr>
</table>

此联作收款人开户银行给收款人的收账通知

图 4-3　托收凭证 5

商业承兑汇票（卡片）

出票日期　　　　汇票号码：**00087****

（大写）贰零壹肆年壹拾贰月零柒日

付款人	全　称	红旗公司	收款人	全　称	邢台蓝领集团公司
	账　号	754356777543322		账　号	13051588974463215556
	开户银行			开户银行	中国工商银行邢台钢北支行

出票金额	人民币（大写）	伍万叁仟陆佰捌拾元整	百	十	万	千	百	十	元	角	分
				¥	5	3	6	8	0	0	0

汇票到期日（大写）	贰零壹伍年零贰月零玖日	付款人开户银行	账号	
			地址	
交易合同号：03870		备注：		
出票人签章				

图 4-4　商业承兑汇票 2

业务 2：将所持商业承兑汇票贴现，如图 4-5 和图 4-6 所示。

贴现凭证（收款通知）　　4

申请日期　2014 年 12 月 9 日　　　　第 0071 号

申请人	名　称	邢台蓝领集团公司	贴现汇票	种　类	商业承兑汇票	号码	003**
	账　号	13051588974463215556		出票日	2014 年 12 月 9 日		
	开户银行	中国工商银行钢北支行		到期日	2015 年 01 月 9 日		

汇票承兑人（或银行）	名称	工行钢北支行	账号	12345234	开户银行	工行钢北支行

汇票金额	人民币（大写）叁拾伍万元整	百	十	万	千	百	十	元	角	分
		¥	3	5	0	0	0	0	0	0

贴现率每月	6‰	贴现利息		实付贴现金额	百	十	万	千	百	十	元	角	分

兹根据《支付结算办法》有规定，附送承兑汇票申请贴现，请审核。 申请人盖章：（略）	银行审批	同意 负责人×× 信贷员××	复核：××　记账：××

第四联　此联贴现申请人作收款凭证

图 4-5　贴现凭证

商业承兑汇票

汇票号码：**003****

出票日期（大写）贰零壹肆年壹拾贰月零玖日

付款人	全　称	中兴公司	收款人	全　称	邢台蓝领集团公司
	账　号	366764332		账　号	13051588974463215556
	开户银行	中国工商银行建设支行		开户银行	中国工商银行钢北支行

出票金额	人民币（大写）叁拾伍万元整	千	百	十	万	千	百	十	元	角	分
			¥	3	5	0	0	0	0	0	0

汇票到期日（大写）	贰零壹伍年零壹月贰日零玖	付款人开户银行	行号	366764332
交易合同号码	第 2009018 号		地址	中国工商银行建设支行

本汇票已经承兑，到期无条件支付票款 承兑人签章：（略） 承兑日期 2014 年 12 月 9 日	本汇票请予以承兑于到期日付款 出票人签章：（略）

此联持票人开户银行随托收凭证寄付款人开户银行作借方凭证附件

图 4-6　商业承兑汇票 3

业务 3：销售酸奶。相关凭证如图 4-7 和图 4-8 所示。

河北省增值税专用发票

此联不做报销　扣税凭证使用

开票日期：2014 年 12 月 10 日　　**No. 00286****

购货单位	名称：明华公司 纳税人识别号：676539876 地址、电话：石家庄市迎宾路 23 号 开户银行及账号：中国工商银行迎宾支行　69325581					密码区	
货物或应税劳务名称	规格型号	单位	数量	单价	金额	税率	税额
250mL 酸酸乳		t	3 000	40.00	120 000.00	17%	20 400.00
合计					¥120 000.00		¥20 400.00
价税合计（大写）	壹拾肆万零肆佰元整				（小写）¥140 400.00		
销货单位	名称：邢台蓝领集团公司 纳税人识别号：130503506792859 地址、电话：邢台市钢铁北路 850 号 2608888 开户银行及账号：中国工商银行邢台钢北支行 13051588974463215556				备注		

收款人：××　　复核：××　　开票人：××　　销货单位：（章）

第一联　记账联　销货方记账凭证

图 4-7　增值税专用发票 20

委托收款凭证（收款通知）

委托日期 2014 年 12 月 23 日　　　　到期日：2014 年 12 月 25 日

<table>
<tr><td rowspan="3">付款单位</td><td>全　称</td><td>明华公司</td><td rowspan="3" colspan="2">收款单位</td><td colspan="2">全　称</td><td colspan="5">邢台蓝领集团公司</td></tr>
<tr><td>账号或地址</td><td>69325581</td><td colspan="2">账号或地址</td><td colspan="5">13051588974463215556</td></tr>
<tr><td>开户银行</td><td>中国工商银行迎宾支行</td><td colspan="2">开户银行</td><td colspan="5">中国工商银行邢台钢北支行</td></tr>
<tr><td rowspan="2">金额</td><td colspan="2" rowspan="2">人民币（大写）壹拾肆万零肆佰元整</td><td>百</td><td>十</td><td>万</td><td>千</td><td>百</td><td>十</td><td>元</td><td>角</td><td>分</td></tr>
<tr><td>¥</td><td>1</td><td>4</td><td>0</td><td>4</td><td>0</td><td>0</td><td>0</td><td>0</td></tr>
<tr><td>款项性质</td><td>销售收入</td><td>合同号码 234239</td><td colspan="9" rowspan="2">根据协议上列款项已由付款单位账户付出
付款人开户行盖章
2014 年 12 月 25 日</td></tr>
<tr><td colspan="3">备注：　　　　特约：</td></tr>
</table>

单位主管：××　　　会计：××　　　复核：××　　　记账：

图 4-8　委托收款凭证

业务 4：邢台蓝领集团公司以转账支票方式收回以前华工公司所欠货款。相关凭证如图 4-9 所示。

中国工商银行进账单（收账通知）　　3

2014 年 12 月 10 日

<table>
<tr><td rowspan="3">出票人</td><td>全　称</td><td colspan="3">华工公司</td><td rowspan="3">收款人</td><td colspan="3">全　称</td><td colspan="8">邢台蓝领集团公司</td></tr>
<tr><td>账　号</td><td colspan="3">4746274664</td><td colspan="3">账　号</td><td colspan="8">13051588974463215556</td></tr>
<tr><td>开户银行</td><td colspan="3">中国工商银行中华街支行</td><td colspan="3">开户银行</td><td colspan="8">中国工商银行邢台钢北支行</td></tr>
<tr><td rowspan="2">金额</td><td colspan="5" rowspan="2">人民币（大写）贰万叁仟肆佰元整</td><td>亿</td><td>千</td><td>百</td><td>十</td><td>万</td><td>千</td><td>百</td><td>十</td><td>元</td><td>角</td><td>分</td></tr>
<tr><td></td><td></td><td></td><td>¥</td><td>2</td><td>3</td><td>4</td><td>0</td><td>0</td><td>0</td><td>0</td></tr>
<tr><td colspan="2">票据种类</td><td>转账支票</td><td>票据张数</td><td>1</td><td colspan="12" rowspan="3">收款开户银行签章：（章）</td></tr>
<tr><td colspan="2">票据号码</td><td colspan="3"></td></tr>
<tr><td colspan="5">复核：　　记账：</td></tr>
</table>

此联是收款人开户银行交给收款人的收账通知

图 4-9　进账单 7

三、任务实施

各小组根据邢台蓝领集团公司 12 月份发生的有关应收票据和应收账款业务进行以下账务处理：

（1）根据经济业务填制部分原始凭证。

（2）根据原始凭证填制记账凭证。

（3）根据记账凭证逐笔登记应收票据和应收账款的总分类账及明细分类账。

（4）月末将应收票据和应收账款总分类账与明细分类账进行核对。

四、评价

以小组为单位，展示本组完成的会计处理。然后在教师点评的基础上对会计账务处理进行修改完善，并根据评分标准进行评分。

1．教师点评

教师根据各小组的展示结果进行综合点评，指出各小组的优点及不足，并给出正确答案。

2．各组学生自评、互评

各小组派代表汇报完成工作过程中出现的问题及取得的收获，并互评。

3．填写应收票据和应收账款的核算活动评价表（见表 4-5）

表 4-5　应收票据和应收账款的核算活动评价表

活动＿＿＿＿＿＿＿＿　组别＿＿＿＿＿＿＿＿　评价人＿＿＿＿＿＿＿＿

项　　目	自　　评	互　　评				教 师 点 评				
信息正确性										
书写规范										
语言表达能力										
学习主动性										
承担工作表现										
工作纪律										
协作精神										
时间观念										
总　　评										

注：各项评价满分 10 分，表现优秀为 10～8 分，合格为 7～6 分，不合格为 5～1 分。

活动三：预付账款和其他应收款的核算

学习目标

1．能够根据经济业务内容，正确填制日常业务单据。

2．能够根据工作分工，密切合作，按业务流程完成各项任务。

3．能够有效展示工作成果。

建议学时：4 学时

学习过程

一、知识准备

查阅资料完成下列信息的咨询：

1．预付账款和其他应收款的账户设置

请同学们完成下面列举的会计科目的“T”字形账户的借贷及余额的登记。

（1）“预付账款”科目“T”字形账户如图 4-10 所示。

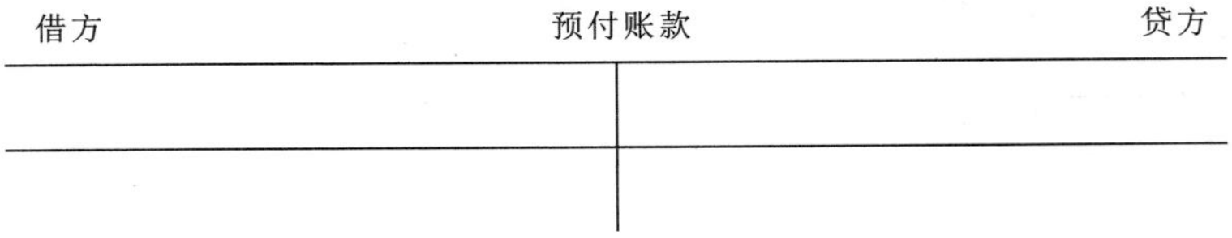

图 4-10　预付账款“T”字形账户

（2）“其他应收款”科目“T”字形账户如图 4-11 所示。

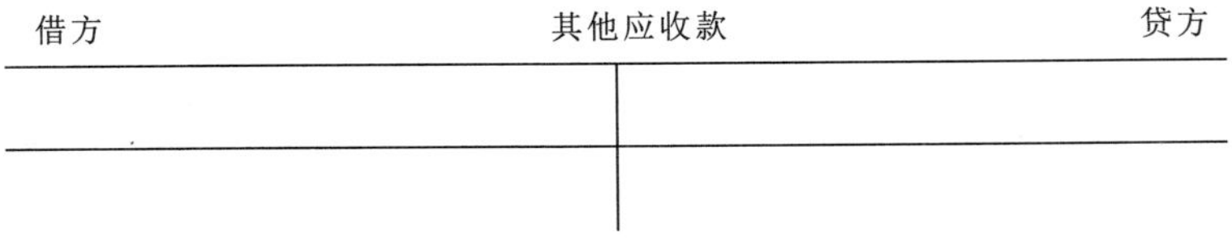

图 4-11　其他应收款“T”字形账户

2．预付账款和其他应收款业务的核算内容

总结讨论预付账款和其他应收款业务核算内容，完成相应的会计处理，如表 4-6 所示。

表 4-6　预付账款和其他应收款业务的核算内容

业务内容		会计处理
预付账款	预付货款时	借：预付账款 　　贷：银行存款
	补付货款时	借：预付账款 　　贷：银行存款
	收到货物时	借：库存商品（原材料等） 　　应交税费——应交增值税（进项税额） 　　贷：预付账款
	退回多余预付款时	借：银行存款 　　贷：预付账款
其他应收款	借入时	借：其他应收款 　　贷：库存现金
	报销补齐时	借：管理费用 　　贷：库存现金
	年度报销时交回备用金	借：管理费用 　　库存现金 　　贷：其他应收款

二、布置任务

根据邢台蓝领集团公司 12 月份发生的有关预付账款及其他应收款的业务进行账务处理。

业务 1：邢台蓝领集团公司向中华公司预付购料款。相关凭证如图 4-12 和图 4-13 所示。

中国工商银行电汇凭证（回单） 1

普通 加急 委托日期 2014 年 12 月 11 日

汇款人	全称	邢台蓝领集团公司	收款人	全称	中华公司									
	账号	13051588974463215556		账号	130101180012366									
	汇出地点	河北省邢台市		汇入地点	河北省石家庄市/县									
汇出行名称		中国工商银行邢台钢北支行	汇入行名称		中国工商银行建设路支行									
金额	人民币（大写）贰万元整		亿	千	百	十	万	千	百	十	元	角	分	
						¥	2	0	0	0	0	0	0	
款项已汇入收款人账户 汇出行签章：			支付密码 附加信息及用途： 复核： 记账：											

图 4-12 电汇凭证 3

收款收据

2014 年 12 月 11 日

今收到：邢台蓝领集团公司	
人民币（大写）贰万元整	小写：¥20 000.00
事由：预付购料款	
收款单位财务章	交款人：邢台蓝领集团公司

图 4-13 收款收据 1

业务 2：采购部张强出差预借差旅费。相关凭证如图 4-14 所示。

借 款 单

2014 年 12 月 13 日

借款原因：去北京参加商品展览会	领导批示或介绍信 字第 号
借款金额：（大写）壹仟伍佰元整 ¥1 500.00	
借款人签章：张强	同意采购员借款。 李凯 2014.12.13

出纳签章：王梅

图 4-14 借款单 3

业务 3：中信公司支付租入包装物押金。相关凭证如图 4-15 所示。

收 款 收 据

2014 年 12 月 15 日

今收到：中信公司	
人民币（大写）叁仟元整	小写：¥3 000.00
事由：包装物押金	
收款单位：邢台蓝领集团公司	交款人：中信公司

图 4-15　收款收据 2

业务 4：销售部张强报销差旅费。相关凭证如图 4-16 和图 4-17 所示。

差旅费报销单

2014 年 12 月 23 日

出差人：张强														单位：元	
起止时间及地点						交通费			出差补贴					其他	
月	日	起点	月	日	终点	交通工具	单据张数	金额	项目	人数	天数	补贴标准	金额	项目	金额
×	×	××	×	×	××	火车	2	600	××	1	10	18	180	住宿费	500
合计（大写）壹仟贰佰捌拾元整								¥1 280		预支旅费	1 500		退回金额	220	
													金额补领		

图 4-16　差旅费报销单 2

收 款 收 据

2014 年 12 月 23 日

今收到	张强	系付	退回多余差旅费
人民币（大写）	贰佰贰拾元整	¥	220.00
收款单位（章）	会计		收款人：张英

图 4-17　收款收据 3

三、任务实施

各小组根据邢台蓝领集团公司 12 月份发生的有关预付账款和其他应收款业务进行以下账务处理：

（1）根据经济业务填制部分原始凭证。

（2）根据原始凭证填制记账凭证。

（3）根据记账凭证逐笔登记预付账款和其他应收款的总分类账及明细分类账。

（4）月末将预付账款和其他应收款总分类账与明细分类账进行核对。

四、评价

以小组为单位，展示本组完成的会计处理。然后在教师点评的基础上对会计账务处理进行修改完善，并根据评分标准进行评分。

1．教师点评

教师根据各小组的展示结果进行综合点评，指出各小组的优点及不足，并给出正确答案。

2．各组学生自评、互评

各小组派代表汇报完成工作过程中出现的问题及取得的收获，并互评。

3．填写预付账款和其他应收款的核算活动评价表（见表 4-7）

表 4-7　预付账款和其他应收款的核算活动评价表

活动____________　组别____________　评价人____________

项　目	自　评	互　评				教师点评				
信息正确性										
书写规范										
语言表达能力										
学习主动性										
承担工作表现										
工作纪律										
协作精神										
时间观念										
总　评										

注：各项评价满分 10 分，表现优秀为 10～8 分，合格为 7～6 分，不合格为 5～1 分。

活动四：坏账准备的核算

学习目标

1．能够根据经济业务内容，正确填制日常业务单据。

2．能够根据工作分工，密切合作，按业务流程完成各项任务。

3．能够有效展示工作成果。

建议学时：6 学时

学习过程

一、知识准备

查阅资料完成下列信息的咨询：

1. 坏账准备的账户设置

请同学们完成下面列举的会计科目的“T”字形账户的借贷及余额的登记。

（1）“坏账准备”科目“T”字形账户如图 4-18 所示。

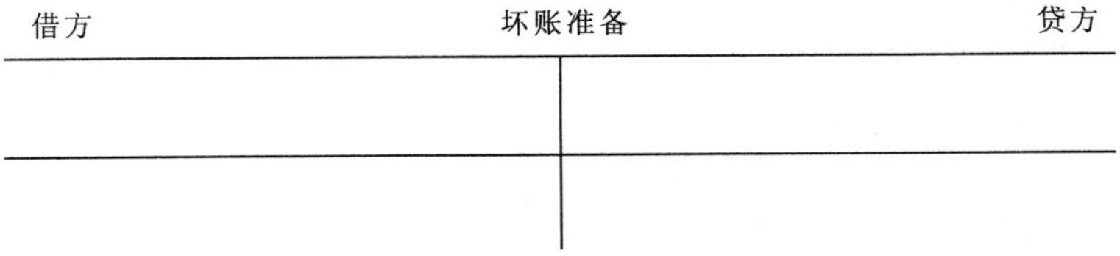

图 4-18　坏账准备“T”字形账户

（2）“资产减值损失”科目“T”字形账户如图 4-19 所示。

图 4-19　资产减值损失“T”字形账户

2. 坏账准备业务的核算内容

总结讨论坏账准备业务的核算内容，完成相应的会计处理，如表 4-8 所示。

表 4-8　坏账准备业务的核算内容

业务内容		会计处理
坏账准备	计提时	借：资产减值损失 　贷：坏账准备
	冲减时	借：坏账准备 　贷：资产减值损失
	发生坏账时	借：坏账准备 　贷：应收账款
	收回并转销时	借：银行存款 　贷：坏账准备

二、布置任务

根据邢台蓝领集团公司12月份发生的有关坏账准备的业务进行账务处理。

业务1：将石家庄市纸箱厂所欠货款确认为坏账损失。相关凭证如图4-20所示。

坏账确认报告

总经理：

石家庄市纸箱厂于2008年9月23日所欠我单位账款30 000.00元，因其经营不善濒临破产，经多次催收无效，现报请领导批准转作坏账损失处理。

财务科长：吴杰

2014年12月16日

12月17日经股东会议研究决定，同意作坏账损失处理。

总经理：张家存

2014年12月18日

图4-20 坏账确认报告

业务2：邢台蓝领集团公司收回对石家华市纸箱厂已确认并转销的坏账损失。相关凭证如图4-21所示。

中国工商银行信汇凭证（收账通知） 4

委托日期 2014年12月22日

汇款人	全称	邢台蓝领集团公司	收款人	全称	石家庄市纸箱厂										
	账号	13051588974463215556		账号	130101185677532										
	汇出地点	河北省邢台市		汇入地点	河北省石家庄市/县										
汇出行名称		中国工商银行邢台钢北支行	汇入行名称		中国工商银行										
金额	人民币（大写）叁万元整				亿	千	百	十	万	千	百	十	元	角	分
								¥	3	0	0	0	0	0	0
款项已汇入收款人账户 汇出行签章：			支付密码												
			附加信息及用途：购买包装箱 复核： 记账：												

图4-21 信汇凭证1

三、任务实施

各小组根据邢台蓝领集团公司12月份发生的有关坏账准备业务进行以下账务处理：

（1）根据经济业务填制部分原始凭证。

（2）根据原始凭证填制记账凭证。

（3）根据记账凭证逐笔登记坏账准备的总分类账及明细分类账。

（4）月末将坏账准备总分类账与明细分类账进行核对。

四、评价

以小组为单位，展示本组完成的会计处理。然后在教师点评的基础上对会计账务处理进行修改完善，并根据评分标准进行评分。

1．教师点评

教师根据各小组的展示结果进行综合点评，指出各小组的优点及不足，并给出正确答案。

2．各组学生自评、互评

各小组派代表汇报完成工作过程中出现的问题及取得的收获，并互评。

3．填写坏账准备的核算活动评价表（见表 4-9）

表 4-9　坏账准备的核算活动评价表

活动＿＿＿＿＿＿＿＿＿　组别＿＿＿＿＿＿＿＿＿　评价人＿＿＿＿＿＿＿＿＿

项　目	自　评	互　评				教 师 点 评				
信息正确性										
书写规范										
语言表达能力										
学习主动性										
承担工作表现										
工作纪律										
协作精神										
时间观念										
总　评										

注：各项评价满分 10 分，表现优秀为 10～8 分，合格为 7～6 分，不合格为 5～1 分。

活动五：工作总结与评价

学习目标

1．能正确规范地撰写总结。

2．能采用多种形式进行成果展示。

3．提高学生的自我展示与表达能力。

4．提高学生的工作总结能力。

5．提高学生的团队合作能力。

6. 学会分析和解决问题的方法，提高综合能力。

建议学时：2学时

学习过程

一、学生汇报

各小组派代表汇报以下内容：

（1）本学习任务学习的内容。

（2）完成整个任务的过程，包括创新点、团队协作等。

（3）完成整个任务过程中出现的问题及采取的改进措施。

（4）完成整个任务过程的收获。

二、各小组检查汇报小组任务的完成情况

各小组成员检查各汇报小组操作步骤的内容，查看完整性、准确性，并纠正错误，填补疏漏。

三、教师点评及总结

（1）对各小组工作完成的情况以及汇报的情况进行点评。

（2）总结学习任务完成过程中出现的问题，以及任务的重点及难点。

四、总评

（1）收集各小组活动评价表，并交给教师。

（2）派小组代表汇总下表（见表4-10和表4-11）。

表4-10 “应收款项业务的核算”学习任务 ＿＿＿＿＿＿组成绩表

评价 / 活动	自评（20%）	互评（30%）				教师评价（50%）	总　分
活动一							
活动二							
活动三							
活动四							
活动五							

表 4-11 “应收款项业务的核算”学习任务总评表

组别 活动					
活动一					
活动二					
活动三					
活动四					
活动五					
总　　分					

五、综合整个流程评选出最优秀的团队

最优秀的团队是__________组，其次是__________组。

学习任务五
固定资产的核算

学习目标

通过本学习任务的学习，学生应该：

1. 能够根据任务要求，合理进行工作分工。
2. 能够自行查阅资料，熟知固定资产业务的流程。
3. 能正确识别和审核固定资产的有关业务单据。
4. 能根据固定资产取得、折旧、处置、清查业务及固定资产期末计价业务所涉及的原始凭证准确编制记账凭证。
5. 登记相关明细分类账和总分类账。
6. 树立规范意识，正确处理固定资产增减业务。
7. 能够与组员有效配合，检查会计账务处理的正确性和完整性。
8. 能够与教师有效沟通，提交任务并请教师检查。
9. 能够根据评价指标，客观公正地进行自评和互评。
10. 能够自选展示方法，介绍本组完成任务的全过程。

建议学时：40 学时

工作情境描述

邢台蓝领集团公司是一家集科研、生产、销售、服务于一体的国有大型企业，为增值税一般纳税人企业，增值税税率为 17%，主要生产 250mL 酸酸乳及 500mL 酸酸乳。财务经理要求固定资产岗位核算员，根据该单位 2014 年 12 月份发生的有关经济业务完成以下工作：

1. 能正确识别和审核固定资产采购发票、运输费用凭证、保险单据等业务单据。
2. 能够根据固定资产取得、折旧、处置、期末计价等业务所涉及的原始凭证准确编制记账凭证，并登记明细分类账和总分类账。

学习任务描述

固定资产岗位核算员根据邢台蓝领集团公司 12 月份发生的有关固定资产业务的原始单据，进行固定资产业务的核算。

学生在学完“基础会计”“基础会计实训”两门课程的基础上，进行本任务的学习。本任务是本课程学习任务的中间环节。

学生从教师处接受任务，能够根据邢台蓝领集团公司发生的业务单据，进行固定资产业务的核算。

任务流程

活动一：明确任务要求，资讯分析，制订计划

活动二：在建工程业务核算

活动三：固定资产业务核算

活动四：工作总结与评价

活动一：明确任务要求，资讯分析，制订计划

学习目标

1. 接受固定资产业务核算任务。
2. 明确任务要求，做好人员配置。
3. 能明确学习任务目标。
4. 能填写任务计划书。

建议学时：2 学时

学习过程

一、明确工作任务

任务书是工作过程的基本依据，其中明确了该项工作的工作内容、时间要求、相关责任人等信息。学生在开始工作任务前，必须读懂任务书的内容要求，准确获取该项工作的基本信息。固定资产的核算任务书如表 5-1 所示。

表 5-1 固定资产的核算任务书

任务名称	固定资产的核算	时间	40 学时
任务描述	固定资产岗位核算员根据邢台蓝领集团公司 12 月份发生的有关固定资产业务的原始单据，进行固定资产业务的核算 学生在学完“基础会计”“基础会计实训”两门课程的基础上，进行本任务的学习。本任务是本课程学习任务的中间环节 学生从教师处接受任务，能够根据邢台蓝领集团公司发生的业务单据，进行固定资产业务的核算		
工作情境	邢台蓝领集团公司是一家集科研、生产、销售、服务于一体的大型国有企业，为增值税一般纳税人企业，增值税税率为 17%，主要生产 250mL 酸酸乳及 500mL 酸酸乳。财务经理要求固定资产岗位核算员，根据该单位 2014 年 12 月份发生的有关经济业务完成以下工作： 1. 能正确识别和审核固定资产采购发票、运输费用凭证、保险单据等业务单据 2. 能够根据固定资产取得、折旧、处置、期末计价等业务所涉及的原始凭证准确编制记账凭证，并登记明细分类账和总分类账		
任务目标	1. 能够根据任务要求，合理进行工作分工 2. 能够自行查阅资料，熟知固定资产业务的流程 3. 能正确识别和审核固定资产的有关业务单据 4. 能根据固定资产取得、折旧、处置、清查业务及固定资产期末计价业务所涉及的原始凭证准确编制记账凭证 5. 登记相关明细分类账和总分类账 6. 树立规范意识，正确处理固定资产增减业务 7. 能够与组员有效配合，检查会计账务处理的正确性和完整性 8. 能够与教师有效沟通，提交任务并请教师检查 9. 能够根据评价指标，客观公正地进行自评和互评 10. 能够自选展示方法，介绍本组完成任务的全过程		
资讯内容	1. 自营建造的固定资产的账务处理 2. 出包工程建造的固定资产的账务处理 3. 在建工程期末计价业务的核算 4. 固定资产的基础知识 5. 固定资产业务的账务处理		
实施步骤	活动一：明确任务要求，资讯分析，制订计划（2 学时） 活动二：在建工程业务核算（12 学时） 活动三：固定资产业务核算（22 学时） 活动四：工作总结与评价（4 学时）		
评价要点	1. 自学和获取信息的能力 2. 组织与控制能力 3. 沟通协作能力 4. 根据固定资产业务填制记账凭证的能力 5. 进行固定资产业务明细分类账的登记能力 6. 进行固定资产总分类账登记及材料明细分类账核对的能力 7. 语言表达及归纳能力 8. 工作参与度及纪律性		
指导教师签字			

阅读任务书，以小组为单位讨论其内容，提炼、总结以下主要信息，再根据教师点评和组间讨论的意见，改正其中的错误和疏漏之处：

（1）任务书的要点有哪些？

____

____

____

（2）任务书的知识点有哪些？

____

____

____

二、收集以下信息，讨论并完成信息咨询内容

查阅资料完成下列信息的咨询：

（1）自行建造固定资产的入账价值。

（2）自营建造的固定资产账户设置。

（3）固定资产取得的方式及初始价值确认。

（4）固定资产折旧的计算方法。

（5）固定资产取得、计提折旧、处置、清查的账务处理。

三、制订工作计划

工作计划是一个单位或团体在一定时期内为完成某项工作制订的工作安排，内容一般应包括人员分工、资料清单、工期安排等内容。

（1）制订工作计划，首先应查阅相关资料，明确完成本任务的基本操作步骤，具体如下：

1）____

2）____

3）____

……

（2）明确固定资产业务核算的基本步骤后，根据资料中的信息，结合小组讨论的意见，确定以下几个方面的内容：

1）人员的基本分工。

2）每个环节需要用到的资料，并归纳整理。

3）对各个环节的用时做大致估计。

4）有交叉作业情况时的人员和资料安排。

（3）小组查阅资料，完成老师布置的学习内容。

根据小组成员特点完成固定资产的核算任务小组分工表（见表 5-2）。

表 5-2 固定资产的核算任务小组分工表

小组成员名单	成员特点	小组中的分工	备注

四、填写活动评价表

以小组为单位，展示本组对任务的理解及知识准备情况，然后在教师点评的基础上根据明确任务要求活动评价表中的评分标准进行评分（见表 5-3）

表 5-3 明确任务要求活动评价表

活动＿＿＿＿＿＿＿＿＿＿ 组别＿＿＿＿＿＿＿＿＿＿ 评价人＿＿＿＿＿＿＿＿＿＿

项目	自评	互评				教师点评				
任务明确程度										
小组分工情况										
工作计划可行性										
兴趣										
学习主动性										
承担工作表现										
工作纪律										
协作精神										
时间观念										
总评										

注：各项评价满分 10 分，表现优秀为 10～8 分，合格为 7～6 分，不合格为 5～1 分。

活动二：在建工程业务核算

学习目标

1. 能准确地填制或审核自营工程、出包工程等业务单据。
2. 能根据在建工程业务准确地编制记账凭证。
3. 能准确地登记在建工程明细分类账和总分类账。
4. 学会分析和解决问题的方法。
5. 提高综合能力。

建议学时：12 学时

学习过程

一、知识准备

查阅资料收集以下信息，讨论并完成信息咨询内容：

（一）在建工程的内容

1．自行建造固定资产的入账价值

在建工程按建造该项资产达到预定可使用状态前所发生的必要支出，作为入账价值，包括工程用物资成本、人工成本、缴纳的相关税费、应予______化的借款费用以及应分摊的______费用等。

2．在建工程的分类

在建工程按其实施的方式不同可分为______和出包工程两种。

（二）自营建造工程的固定资产

1．自营建造工程的概念

自营建造工程是指企业自行组织工程物资，自行施工建造，使工程达到预计的使用状态。

2．自营建造工程业务账户设置

请同学们完成下面列举的会计科目的“T”字形账户的借贷及余额的登记。

（1）“工程物资”科目“T”字形账户如图 5-1 所示。

借方　　工程物资　　贷方

图 5-1　工程物资“T”字形账户

（2）“在建工程”科目“T”字形账户如图 5-2 所示。

借方　　在建工程　　贷方

图 5-2　在建工程“T”字形账户 1

（3）“固定资产”科目“T”字形账户如图 5-3 所示。

借方　　固定资产　　贷方

图 5-3　固定资产“T”字形账户 1

（三）出包工程建造的固定资产

1．出包工程的概念

出包工程是指企业将工程项目出包给______，由______组织施工的建筑工程和______工程。

2．出包工程业务账户设置

请同学们完成下面列举的会计科目的“T”字形账户的借贷及余额的登记。

（1）“在建工程”科目“T”字形账户如图 5-4 所示。

借方　　在建工程　　贷方

图 5-4　在建工程“T”字形账户 2

（2）“固定资产”科目“T”字形账户如图 5-5 所示。

借方　　固定资产　　贷方

图 5-5　固定资产“T”字形账户 2

（四）在建工程期末计价业务核算

（1）企业应当定期或者至少于每年年末，对在建工程进行______，如果有证据表明在建工程已经发生了减值，应当计提______。

（2）设置“在建工程减值准备”账户，该账户是______类，是______账户的备抵类账户。在资产负债表上，在建工程项目应按扣除______账户余额列示。

（3）完成下面列举的会计科目的“T”字形账户的借贷及余额的登记。“在建工程减值准备”科目“T”字形账户如图 5-6 所示。

借方	在建工程减值准备	贷方

图 5-6　在建工程减值准备“T”字形账户

注意：如已计提减值准备的在建工程价值又得以恢复，原已经计提的减值准备在以后期间不得转回。

（五）在建工程业务的核算

总结讨论在建工程业务核算的内容，完成相应的会计处理，如表 5-4 所示。

表 5-4　在建工程业务核算的内容

业务内容		会计处理
自营工程	购买工程物资	按实际支付的价款 借：工程物资 　　贷：银行存款
	工程领用生产用原材料	借：在建工程 　　贷：________ 　　　　________
自营工程	工程领用工程物资	借：________ 　　贷：工程物资
	工程建设期间发生工程人员薪酬	借：________ 　　贷：应付职工薪酬
	工程达到预定可使用状态	借：固定资产 　　贷：在建工程
出包工程	支付工程款	① 预付工程款时： 借：________ 　　贷：银行存款 ② 补付工程款时： 借：________ 　　贷：银行存款
	工程达到预定可使用状态	借：固定资产 　　贷：________
在建工程期末计价		计提时： 借：________ 　　贷：在建工程减值准备

（六）根据信息咨询完成下列问题

（1）在建工程领用生产用原材料，是否需要将该原材料相关的进项税额转出？

（2）企业是否应当定期或者至少于每年年度终了，对工程物资进行全面检查？如果有证据表明工程物资已经发生了减值，是否应当计提减值准备？

二、布置任务

根据邢台蓝领集团公司 12 月份发生的有关在建工程业务进行账务处理。

实训资料：工程物资采用实际成本核算，2014 年 12 月，部分在建工程明细账的期初余额如表 5-5 所示。

表 5-5 在建工程明细账的期初余额

单位：万元

总账	二级账或明细账户金额	
在建工程	出包工程（办公楼改良）	10
	工程物资	5

邢台蓝领集团公司 12 月份发生的有关在建工程业务如下：

业务 1：12 月 5 日，购买需要安装的机床一台。相关凭证如图 5-7～图 5-12 所示。

1300113130　　河北省增值税专用发票　　No. 019411**

校验码 48163 59032 22269 87***　此联不做报销、扣税凭证使用　开票日期：2014 年 12 月 5 日

国税函（2011）318 号北京至美数码防伪印务有限公司

购货单位	名　　称：邢台蓝领集团公司 纳税人识别号：130503506792859 地址、电话：邢台市钢铁北路 850 号 2608888 开户银行及账号：中国工商银行邢台钢北支行 13051588974463215556			密码区	（略）		
货物或应税劳务名称	规格型号	单位	数量	单价	金额	税率	税额
机床		台	1	14 102.56	14 102.56	17%	2 397.44
合　计					¥14 102.56		¥2 397.44
价税合计（大写）	人民币壹万陆仟伍佰元整				（小写）¥16 500.00		
销售单位	名　　称：邢台宏达机械厂 纳税人识别号：130563786263667 地址、电话：邢台市兴达路 11 号 2202368 开户银行及账号：中国工商银行兴达路支行 13051534874463212134				备注		

第一联 记账联 销货方记账凭证

收款人：　　复核：　　开票人：张建栋　　销货单位：（章）

图 5-7 增值税专用发票 21

中国工商银行

转账支票存根

10201320

036293**

附加信息

出票日期 2014 年 12 月 5 日

收款人：	邢台宏达机械厂
金　额：	¥16 500.00
用　途：	购设备款

单位主管：　　会计：

图 5-8 转账支票存根 10

建筑安装行业专用发票

发票联

客户名称：邢台蓝领集团公司　2014 年 12 月 5 日

品名	项目	金额								备注
		十	万	千	百	十	元	角	分	
	机床安装其他费用				2	2	0	0	0	
				¥	2	2	0	0	0	
合计人民币（大写）：贰佰贰拾元整　¥220.00										
备注：建造合同号 062312										

第一联　发票联

收款单位：（盖章）　会计：　复核：　制单：

图 5-9　建筑安装行业专用发票 1

建筑安装行业专用发票

发票联

客户名称：邢台蓝领集团公司　2014 年 12 月 5 日

品名	项目	金额								备注
		十	万	千	百	十	元	角	分	
	支付设备安装费用			1	1	0	0	0	0	
			¥	1	1	0	0	0	0	
合计人民币（大写）：壹仟壹佰元整　¥1 100.00										
备注：建造合同号 062312										

第一联　发票联

收款单位：（盖章）　会计：　复核：　制单：

图 5-10　建筑安装行业专用发票

中国工商银行

转账支票存根

10201320

036293**

附加信息

出票日期 2014 年 12 月 5 日

收款人：	邢台宏达机械厂
金　额：	¥1 320.00
用　途：	支付设备安装款

单位主管：　会计：

图 5-11　转账支票存根 11

固定资产交接单

购买单位：邢台蓝领集团公司　　2014 年 12 月 5 日　　编号：

固定资产名称	名称	规格	型号	计量单位	数量	建造单位	建造编号	资金来源	附属技术资料
车床				台	1				
总价/元（净值）	土建工程费	设备费	安装费	运杂费	包装费	其他	合计	预计年限	净残值率
		14 102.56	1 100			220	15 422.56	10	5%
附属设备或建筑						原值		已提折旧	

验收意见：合格　　验收人签章：王丽　　保管使用人签章：张山

图 5-12　固定资产交接单 1

业务 2：邢台蓝领集团公司为了方便职工停车，同时考虑到成本节约，决定自己采购材料，组织公司员工建造一个简易的停车棚。有关自营工程业务如下：

（1）12 月 5 日，购入工程物资一批，验收入库。相关凭证如图 5-13～图 5-15 所示。

1300113130　　**河北省增值税专用发票**　　No. 019411**

校验码 48163 59032 22269 87***　　此联不做报销、扣税凭证使用　　开票日期：2014 年 12 月 5 日

国税函（2011）318 号北京至美数码防伪印务有限公司

购货单位	名　　称：邢台蓝领集团公司 纳税人识别号：130503506792859 地址、电话：邢台市钢铁北路 850 号 2608888 开户银行及账号：中国工商银行邢台钢北支行 13051588974463215556	密码区	（略）

货物或应税劳务名称	规格型号	单位	数量	单价	金额	税率	税额
水　泥		kg	1 500	2.00	3 000	17%	510
白　灰		kg	1 000	1.80	1 800	17%	306
细　砂		kg	1 000	1.20	1 200	17%	204
合　　计					¥ 6 000		¥ 1 020
价税合计（大写）	人民币柒仟零贰拾元整				（小写）¥ 7 020.00		

销货单位	名　　称：邢台建筑材料有限公司 纳税人识别号：130563786263667 地址、电话：邢台市兴达路 11 号 2260368 开户银行及账号：中国工商银行兴达路支行 13051588974463217692	备注	

第一联 记账联 销货方记账凭证

收款人：　　复核：　　开票人：贾红　　销货单位：（章）

图 5-13　增值税专用发票 22

中国工商银行 转账支票存根 10201320 036293**
附加信息
出票日期 2014 年 12 月 5 日
收款人：邢台建筑材料有限公司
金　额：¥7 020.00
用　途：购工程物资
单位主管：　　会计：

图 5-14　转账支票存根 12

基建材料入库单

供应单位：邢台建筑材料有限公司　　2014 年 12 月 05 日　　发票号：

材料类别	材料名称	规格	计量单位	数量	实收数量	单位成本/元	金额							
							十	万	千	百	十	元	角	分
工程物资	水泥		kg		1 500	2.34			3	5	1	0	0	0
	白灰		kg		1 000	2.106			2	1	0	6	0	0
	细砂		kg		1 000	1.404			1	4	0	4	0	0
检验结果		检验员签章		运杂费										
				合计				¥	7	0	2	0	0	0
备注														

第三联　会计

会计：　　出纳：　　复核：　　记账：　　制单：

图 5-15　基建材料入库单

（2）12 月 10 日，工程领用生产用原材料一批。相关凭证如图 5-16 所示。

领　料　单

领料部门：供应科　　2014 年 12 月 10 日

材料		单位	数量		单位成本/元	金额/元	过账
名称	规格		请领	实发			
A 材料		kg	500	500	2.00	1 000.00	
工作单号		用途	建停车棚				
工作项目							

会计主管：杨阳　　记账：　　发料：张凌　　领料：徐瑞

图 5-16　领料单 8

（3）12 月 10 日，工程领用工程物资。相关凭证如图 5-17 所示。

工程物资领料单

2014 年 12 月 10 月

发料仓库	工程物资库	用途 自营停车棚工程					
领料单位	工程队						
器材编号	物资名称	规格型号	单位	数量		实际价格	
				请领	实发	单价/元	总价/元
101-1	白灰		kg	1 000	1 000	2.106	2 106
101-2	水泥		kg	1 500	1 500	2.34	3 510
101-3	细砂		kg	1 000	1 000	1.404	1 404
供应		发料：	领料单位主管			领料	

图 5-17 工程物资领料单

（4）工程建设期间，发生工程人员职工薪酬。相关凭证如图 5-18 所示。

邢台蓝领集团公司基建人员 12 月份工资结算单

项目	岗位工资/元	津贴/元	补贴/元	其他	应发工资/元
王强	1 000	200	300		1 500
张宏	800	150	250		1 200
刘志	1 200	220	300		1 720
合计	3 000	570	850		4 420

图 5-18 工资结算单

（5）12 月底，工程完工并交付使用。相关凭证如图 5-19 所示。

固定资产交接单

购买单位：邢台蓝领集团公司　　2014 年 12 月 31 日　　编号：

固定资产名称	名称	规格	型号	计量单位	数量	建造单位	建造编号	资金来源	附属技术资料
停车棚				个	1			自有	
总价/元（净值）	土建工程费	设备费	安装费	运杂费	包装费	其他	合计	预计年限	净残值率
	12 610						12 610	15	3%
附属设备或建筑						原值		已提折旧	

验收意见：合格　　验收人签章：王丽　　保管使用人签章：张山

图 5-19 固定资产交接单 2

业务3：邢台蓝领集团公司决定建造一座生产车间，建造工程采用出包工程方式，将工程出包给邢台银河建筑公司承建。有关出包工程业务如下：

（1）12月5日，按照合同规定向邢台银河建筑公司预付工程款90 000元。相关凭证如图5-20和图5-21所示。

中国工商银行

转账支票存根

10201320

036293**

附加信息________________

出票日期2014年12月5日

收款人：	邢台银河建筑公司
金　额：	¥90 000.00
用　途：	预付工程款

单位主管：　　　　会计：

图5-20　转账支票存根13

建筑安装行业专用发票

发票联

客户名称：邢台蓝领集团公司　　　　2014年12月5日

品名	项目	金额								备注
		十	万	千	百	十	元	角	分	
	预付工程款		9	0	0	0	0	0	0	
		¥	9	0	0	0	0	0	0	
合计人民币（大写）：玖万元整　　¥90 000.00										
备注：建造合同号062312										

第一联　发票联

收款单位：（盖章）　　　会计：　　　　复核：　　　　制单：

图5-21　建筑安装行业专用发票3

（2）12月31日，工程经验收合格并办理了竣工决算手续，工程总成本为168 000元，通过银行转账补付工程款78 000元。相关凭证如图5-22～图5-24所示。

中国工商银行

转账支票存根

10201320

036293**

附加信息

出票日期 2014 年 12 月 31 日

收款人：	邢台银河建筑公司
金　额：	¥78 000.00
用　途：	补付工程款

单位主管：　　　会计：

图 5-22　转账支票存根 14

建筑安装行业专用发票

发票联

客户名称：邢台银河建筑公司　　2014 年 12 月 31 日

品名	项目	金额								备注
		十	万	千	百	十	元	角	分	
	预付工程款		7	8	0	0	0	0	0	
		¥	7	8	0	0	0	0	0	
合计人民币（大写）：柒万捌仟元整		¥ 78 000.00								
备注：建造合同号 062313										

第一联　发票联

收款单位：（盖章）　　会计：　　复核：　　制单：

图 5-23　建筑安装行业专用发票 4

固定资产交接（验收）单

2014 年 12 月 5 日　　　编号：

固定资产名称	名称	规格	型号	计量单位	数量	建造单位	建造编号	资金来源	附属技术资料
生产车间				个	1	银河建筑公司		自有	
总价/元（净值）	土建工程费	设备费	安装费	运杂费	包装费	其他	合计	预计年限	净残值率
	168 000						168 000	15	3%
附属设备或建筑						原值		已提折旧	

验收意见：合格　　　验收人签章：王丽　　　保管使用人签章　张山

图 5-24　固定资产交接单 3

业务 4：12 月 28 日，改扩建办公楼，支付工程款，工程达到预定可使用状态。相关凭证如图 5-25～图 5-27 所示。

中国工商银行
转账支票存根
10201320
036293**

附加信息

出票日期 2014 年 12 月 31 日

收款人：	邢台银河建筑公司
金　额：	¥90 000.00
用　途：	支付工程款

单位主管：　　　会计：

图 5-25　转账支票存根 15

建筑安装行业专用发票

发票联

客户名称：邢台蓝领集团公司　　　2014 年 12 月 31 日

<table>
<tr><td rowspan="2">品名</td><td rowspan="2">项目</td><td colspan="8">金额</td><td rowspan="2">备注</td></tr>
<tr><td>十</td><td>万</td><td>千</td><td>百</td><td>十</td><td>元</td><td>角</td><td>分</td></tr>
<tr><td></td><td>办公楼工程工程款</td><td></td><td>9</td><td>0</td><td>0</td><td>0</td><td>0</td><td>0</td><td>0</td><td></td></tr>
<tr><td></td><td></td><td>¥</td><td>9</td><td>0</td><td>0</td><td>0</td><td>0</td><td>0</td><td>0</td><td></td></tr>
<tr><td colspan="10">合计人民币（大写）：玖万元整　　　　¥ 90 000.00</td><td></td></tr>
<tr><td colspan="10">备注：建造合同号 062313</td><td></td></tr>
</table>

第一联　发票联

收款单位：（盖章）　　会计：　　复核：　　制单：

图 5-26　建筑安装行业专用发票 5

固定资产交接（验收）单

2014 年 12 月 5 日　　　　　　　编号：

<table>
<tr><td>固定资产编号</td><td>名称</td><td>规格</td><td>型号</td><td>计量单位</td><td>数量</td><td>建造单位</td><td>建造编号</td><td>资金来源</td><td>附属技术资料</td></tr>
<tr><td rowspan="3"></td><td>办公楼</td><td></td><td></td><td>座</td><td>1</td><td>银河建筑公司</td><td></td><td>自有</td><td></td></tr>
<tr><td rowspan="2">改良前原价
300 万元</td><td rowspan="2">改良支出</td><td colspan="2">11 月份支出</td><td>10 万元</td><td>合计</td><td>改良后成本</td><td>预计年限</td><td>净残值率</td></tr>
<tr><td colspan="2">12 月份支出</td><td>9 万元</td><td>19 万元</td><td>319 万元</td><td>20</td><td>5%</td></tr>
<tr><td colspan="6">附属设备或建筑</td><td>原值</td><td></td><td>已提折旧</td><td></td></tr>
</table>

验收意见：合格　　　验收人签章：王丽　　　保管使用人签章　张山

图 5-27　固定资产交接单 4

业务 5：12 月 31 日邢台蓝领集团公司对在建工程进行全面检查时，发现一项以前年度开工的自营工程已经长期停建，而且预计在未来 3 年内不会重新开工。相关凭证如图 5-28 所示。

在建工程减值准备计提表

2014 年 12 月 31 日　　　　计量单位：元

项目	账面价值	可收回金额	差额
房屋建筑物	400 000	300 000	−100 000
合计	400 000	300 000	−100 000

制表：金红　　　　复核：王平

图 5-28　在建工程减值准备计提表

三、任务实施

各小组根据邢台蓝领集团公司 12 月份发生的有关在建工程业务进行以下账务处理：

（1）填写部分原始凭证。

（2）开设“在建工程”账户，登记期初余额。

（3）分析原始凭证，确定会计分录，填制记账凭证。

（4）根据记账凭证逐笔登记在建工程总分类账和明细分类账，结出本期发生额和期末余额。

四、评价

以小组为单位，展示本组完成的会计处理。然后在教师点评的基础上对会计账务处理进行修改完善，并根据评分标准进行评分。

1．教师点评

教师根据各小组的展示结果进行综合点评，指出各小组的优点及不足，并给出正确答案。

2．各组学生自评、互评

各小组派代表汇报完成工作过程中出现的问题及取得的收获，并互评。

3．填写在建工程业务核算活动评价表（见表 5-6）

表 5-6　在建工程业务核算活动评价表

活动________　组别________　评价人________

项　目	自　评	互　评				教 师 点 评				
识别原始凭证										
填制记账凭证										
登记明细分类账										

（二）固定资产的分类

请同学们查阅资料，讨论、总结固定资产的分类。完成表 5-7 的填制。

表 5-7　固定资产的分类

固定资产的分类	
分类标准	内容
按经济用途分类	1．生产用固定资产
	2．非生产用固定资产
按使用情况分类	1．使用中的固定资产
	2．______固定资产
	3．不需用固定资产
按产权关系分类	1．自有固定资产
	2．______租入固定资产
按经济用途、使用情况和产权关系综合分类	1．直接服务于生产经营活动过程的固定资产
	2．______服务于生产经营活动过程的固定资产
	3．租出固定资产（指在经营租赁方式下出租给外单位使用的固定资产）
	4．未使用固定资产
	5．不需用固定资产
	6．土地
	7．______租入固定资产

（三）固定资产取得的方式及初始价值确认

请同学们查阅资料，讨论、总结固定资产取得的方式及初始价值确认，如表 5-8 所示。

表 5-8　固定资产取得的方式及初始价值确认

取得方式		初始价值确认
外购固定资产	购入不需要安装的固定资产（企业购入的固定资产不需要安装就可以直接交付使用）	1．实际支付的买价 2．购入过程中的相关税费 3．其他相关支出，如运输费、______费以及专业人员的服务费等
	购入需要安装的固定资产	1．实际支付的买价 2．购入过程中的相关税费 3．其他相关支出，如运输费、______费、安装费以及专业人员的服务费等
投资者投入的固定资产		按投资各方确认的价值，但合同或协议约定价值公允的除外
自行建造的固定资产	自营工程	实际支付的价款 工程耗用材料、人工以及其他费用
	出包工程	支付工程价款
接受捐赠的固定资产		应按接受捐赠资产的公允价值及相关税费
盘盈的固定资产		重置成本

（四）固定资产增加业务核算内容

总结讨论固定资产增加业务核算内容，完成相应的会计处理。具体见表 5-9 的填制工作。

表 5-9　固定资产增加业务核算

<table>
<tr><th colspan="3">业务内容</th><th>会计处理</th></tr>
<tr><td rowspan="4">固定资产取得</td><td colspan="2">外购不需要安装的固定资产</td><td>借：固定资产
应交税费——应交增值税（进项税额）
贷：银行存款</td></tr>
<tr><td rowspan="3">外购需要安装的固定资产</td><td>支付购置价款</td><td>借：
贷：</td></tr>
<tr><td>支付安装费</td><td>借：
贷：</td></tr>
<tr><td>交付使用</td><td>借：
贷：</td></tr>
</table>

（五）固定资产处置内容

1．固定资产处置内容及会计处理步骤

具体见表 5-10 的填制工作。

表 5-10　固定资产处置内容及会计处理步骤

<table>
<tr><th>固定资产处置内容</th><th>会计处理步骤</th></tr>
<tr><td rowspan="5">企业出售、转让、报废固定资产或发生固定资产毁损都属于固定资产处置</td><td>固定资产转入清理</td></tr>
<tr><td>发生的清理费用</td></tr>
<tr><td>出售收入和残料等的处理</td></tr>
<tr><td>保险赔偿的处理</td></tr>
<tr><td>清理净损益的处理</td></tr>
</table>

2．固定资产处置核算科目设置

应设置“固定资产清理”账户进行核算。请同学们完成下面列举的会计科目的“T”字形账户的借贷及余额的登记。

“固定资产清理”科目“T”字形账户如图 5-29 所示。

图 5-29　固定资产清理“T”字形账户

3．固定资产处置业务核算内容

总结、讨论固定资产处置业务核算的内容，完成相应的会计处理。具体见表 5-11 的填制工作。

（续）

固定资产折旧方法		概念及适用范围	特点及优缺点	计算公式
按与固定资产有关的经济利益的预期实现方式分类	年数总和法	年数总和法又称______法，也是一种______折旧法，是将固定资产的原值减去预计净残值后的净额乘以一个____________的分数计算每年的折旧额	优点： 缺点	年折旧率=__________ 年折旧额=__________ 月折旧额=__________

需要注意的是，实际工作中企业固定资产的计算是通过编制“固定资产折旧计算表”进行的。具体公式如下：

本月固定资产折旧=上月固定资产折旧+上月______的固定资产折旧−上月______的固定资产折旧

3．固定资产折旧的账务处理

（1）固定资产折旧业务科目设置。为了核算固定资产的折旧业务，企业应设置“______”账户，请同学们完成下面列举的会计科目的“T”字形账户的借贷及余额的登记。

“累计折旧”科目“T”字形账户如图 5-31 所示。

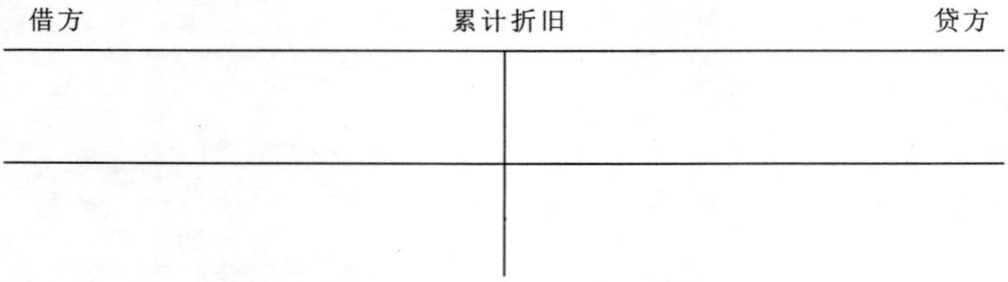

图 5-31 累计折旧“T”字形账户

（2）固定资产折旧业务核算内容。总结、讨论固定资产折旧业务核算内容，完成相应的会计处理。

企业按月计提固定资产折旧时，应根据固定资产使用地点和用途，借记有关成本费用账户，贷记“______”账户。

（八）固定资产的后续支出

1．固定资产后续支出的概念

固定资产后续支出是指企业的固定资产在使用过程中发生的______支出、修理费用等。

2．固定资产后续支出处理方法

总结、讨论固定资产后续支出处理方法。完成表 5-15 的填制工作。

表 5-15　固定资产后续支出处理方法比较

固定资产后续支出		概　念	特　点	会计处理原则
按是否符合固定资产确认条件	资本化的后续支出	符合固定资产确认条件的后续支出	与固定资产有关的后续支出使可能流入企业的经济利益超过了原先的估计	计入固定资产成本
	费用化的后续支出	不符合固定资产确认条件的后续支出	企业对固定资产所进行的必要的维护。它并不导致资产性能的改变或未来经济利益的增加	计入当期损益

3．固定资产后续支出账务处理

总结、讨论固定资产后续支出业务核算内容，完成相应的会计处理。具体见表 5-16 的填制工作。

表 5-16　固定资产后续支出账务处理

业务内容			账务处理
固定资产后续支出	固定资产改建、扩建或改良支出	将固定资产转入改扩建工程	
		支付工程价款	
		改扩建工程达到预定可使用状态	
	固定资产修理		借：制造费用 管理费用 销售费用 其他业务支出等 贷：银行存款等

需要注意的是，资本化的后续支出应计入固定资产的账面价值，但增计后的固定资产账面价值不应超过该固定资产的可收回金额。

（九）固定资产期末计价业务核算

固定资产减值是指资产可收回金额______其账面价值。

资产可收回金额低于其账面价值的差额为资产减值损失，记入______。

资产可收回金额低于其账面价值的，应当将资产的账面价值减记至可收回金额，减记的金额确认为资产减值损失，记入______，同时计提相应的资产减值准备。

账务处理为:

借：________________________

　贷：固定资产减值准备

业务 3：12 月 24 日，邢台蓝领集团公司购入车床一台。相关凭证如图 5-34～图 5-36 所示。

1300113130　　**河北省增值税专用发票**　　No. 019411**

校验码 48163 59032 22269 87***　此联不做报销 扣税凭证使用　开票日期：2014 年 12 月 24 日

购货单位	名　　称：邢台蓝领集团公司 纳税人识别号：130503506792859 地址、电话：邢台市钢铁北路 850 号 2608888 开户银行及账号：中国工商银行邢台钢北支行 13051588974463215556				密码区	（略）	
货物或应税劳务名称	规格型号	单位	数量	单价	金额	税率	税额
车床		台	1	200 000	200 000.00	17%	34 000.00
合　计					¥ 200 000.00		¥ 34 000.00
价税合计（大写）	人民币贰拾叁万肆仟元整					（小写）¥ 234 000.00	
销货单位	名　　称：邢台宏远机械厂 纳税人识别号：130563786263667 地址、电话：邢台市学府路 11 号 2204368 开户银行及账号：中国工商银行学府路支行 13051586984463210451				备注		

国税函（2011）318 号北京至美数码防伪印务有限公司

第一联 记账联 销货方记账凭证

收款人：　　复核：　　开票人：李建　　销货单位：（章）

图 5-34　增值税专用发票 23

中国工商银行

转账支票存根

10201320

036293**

附加信息

出票日期 2014 年 12 月 24 日

收款人：	邢台宏远机械厂
金　额：	¥234 000.00
用　途：	购设备款

单位主管：　　会计：

图 5-35　转账支票存根 16

固定资产交接单

购买单位：邢台蓝领集团公司　　2014 年 12 月 24 日　　编号：

固定资产名称	名称	规格	型号	计量单位	数量	建造单位	建造编号	资金来源	附属技术资料
车床				台	1				
总价/元（净值）	土建工程费	设备费	安装费	运杂费	包装费	其他	合计	预计年限	净残值率
							200 000	8	4%
附属设备或建筑						原值		已提折旧	

验收意见：合格　　验收人签章：王丽　　保管使用人签章　张山

图 5-36　固定资产交接单 5

业务 4：12 月 28 日报废汽车 1 辆。相关凭证如图 5-37 和图 5-38 所示。

固定资产报废单

2014 年 12 月 28 日

固定资产编号：15　　固定资产卡账号：15

固定资产名称	规格型号	单位	数量	预计使用年限	原值	已提折旧	备注
汽车		辆	1	8	100 000	95 000	清理报废
固定资产状况及转让原因	使用期限已满不能继续使用						
处理意见	使用部门		技师鉴定小组		固定资产管理部门		主管部门审批
	不能继续使用		符合报废条件		同意申请报废		同意报废

制单：王华东

图 5-37　固定资产报废单

现金收入证明单

（　　）　　2014 年 12 月 28 日　　字第　　号

明细科目	摘要	√	金额 千	百	十	万	千	百	十	元	角	分
	报废车辆残料						1	0	0	0	0	0
合　计	壹仟元整					¥	1	0	0	0	0	0

附单据　　张

负责人：　　会计：　　复核：　　出纳：　　记账：　　制单：

图 5-38　现金收入证明单

活动四：工作总结与评价

学习目标

1. 提高学生的自我展示与表达能力。
2. 提高学生的工作总结能力。
3. 提高学生的团队合作能力。
4. 学会分析和解决问题的方法，提高综合能力。

建议学时：2学时

学习过程

一、学生汇报

各小组派代表汇报以下内容：

（1）本学习任务学习的内容。

（2）完成整个任务的过程，包括创新点、团队协作等。

（3）完成整个任务过程中出现的问题及采取的改进措施。

（4）完成整个任务过程的收获。

二、各小组检查汇报小组任务的完成情况

各小组成员检查各汇报小组操作步骤的内容，查看完整性、准确性，并纠正错误，填补疏漏。

三、教师点评及总结

（1）对各小组工作完成的情况以及汇报的情况进行点评。

（2）总结学习任务完成过程中出现的问题，以及任务的重点及难点。

四、总评

（1）收集各小组活动评价表，并交给教师。

（2）派小组代表汇总下表（见表5-22和表5-23）。

表 5-22 “固定资产的核算”学习任务 ____________组成绩表

评价 活动	自评（20%）	互评（30%）				教师评价（50%）	总　分
活动一							
活动二							
活动三							
活动四							
总　分							

表 5-23 “固定资产的核算”学习任务总评表

组别 活动					
活动一					
活动二					
活动三					
活动四					
总　分					

五、综合整个流程评选出最优秀的团队

最优秀的团队是 ________组其次是 ________ 组。

习。本任务是本课程学习任务的中间环节。

学生从教师处接受任务，能够根据邢台蓝领集团公司发生的业务单据，进行无形资产及其他资产业务的核算。

任务流程

活动一：明确任务要求，资讯分析，制订计划

活动二：无形资产业务核算

活动三：其他资产业务核算

活动四：工作总结与评价

活动一：明确任务要求，资讯分析，制订计划

学习目标

1. 接受无形资产及其他资产业务核算任务。
2. 明确任务要求，做好人员配置。
3. 能明确学习任务目标。
4. 能填写任务计划书。
5. 完成信息咨询内容。

建议学时：2 学时

学习过程

一、明确工作任务

任务书是工作过程的基本依据，其中明确了该项工作的工作内容、时间要求、相关责任人等信息。学生在开始工作任务前，必须读懂任务书的内容要求，准确获取该项工作的基本信息。无形资产及其他资产业务的核算任务书如表 6-1 所示。

表 6-1　无形资产及其他资产业务的核算任务书

任务名称	无形资产及其他资产业务的核算	时间	10 学时
任务描述	无形资产及其他资产业务岗位核算员根据邢台蓝领集团公司 12 月份发生的有关无形资产及其他资产业务的原始单据，进行存货业务的核算 学生在学完“基础会计”“基础会计实训”两门课程的基础上，进行本任务的学习。本任务是本课程学习任务的中间环节 学生从教师处接受任务，能够根据邢台蓝领集团公司发生的业务单据，进行无形资产及其他资产业务的核算		

（续）

任务名称	无形资产及其他资产业务的核算	时间	10学时
工作情境	邢台蓝领集团公司是一家集科研、生产、销售、服务于一体的大型国有企业，为增值税一般纳税人企业，增值税税率为17%，主要生产250mL酸酸乳及500mL酸酸乳。财务经理要求会计岗位核算员，根据该单位2014年12月份发生的有关经济业务完成以下工作： 1. 对无形资产及其他资产等业务单据进行审核，并根据这些审核无误的业务单据准确地编制记账凭证 2. 根据相关记账凭证准确地登记无形资产及其他资产业务明细分类账和总分类账		
任务目标	1. 能够根据任务要求，合理进行工作分工 2. 能够自行查阅资料，熟知无形资产及其他资产业务的流程 3. 能根据无形资产取得、摊销、出租、处置和期末计价业务准确地编制记账凭证 4. 能准确地登记无形资产及其他资产业务明细分类账和总分类账 5. 能够与组员有效配合，检查会计账务处理的正确性和完整性 6. 能够与教师有效沟通，提交任务并请教师检查 7. 能够根据评价指标，客观公正地进行自评和互评 8. 能够自选展示方法，介绍本组完成任务的全过程		
资讯内容	1. 无形资产的类别 2. 无形资产的确认与计量 3. 无形资产取得、摊销、处置的核算 4. 无形资产的期末计价 5. 其他资产的概念及账务处理		
实施步骤	活动一：明确任务要求，资讯分析，制订计划（2学时） 活动二：无形资产业务核算（4学时） 活动三：其他资产业务核算（2学时） 活动四：工作总结与评价（2学时）		
评价要点	1. 自学和获取信息的能力 2. 组织与控制能力 3. 沟通协作能力 4. 根据无形资产业务填制记账凭证的能力 5. 进行无形资产业务明细分类账登记的能力 6. 语言表达及归纳能力 7. 工作参与度及纪律性		
指导教师签字			

阅读任务书，以小组为单位讨论其内容，提炼、总结以下主要信息，再根据教师点评和组间讨论的意见，改正其中的错误和疏漏之处：

（1）任务书的要点有哪些？

____

____

____

（2）任务书的知识点有哪些？

____

____

____

二、收集以下信息，讨论并完成信息咨询内容

查阅资料完成下列信息的咨询：

（1）无形资产的概念及确认。

（2）无形资产取得、摊销、处置的账务处理。

三、制订工作计划

工作计划是一个单位或团体在一定时期内为完成某项工作制订的工作安排，内容一般应包括人员分工、资料清单、工期安排等内容。

（1）制订工作计划，首先应查阅相关资料，明确完成本任务的基本操作步骤，具体如下：

1）____

2）____

3）____

……

（2）明确无形资产及其他资产业务核算的基本步骤后，根据资料中的信息，结合小组讨论的意见，确定以下几个方面的内容：

1）人员的基本分工。

2）每个环节需要用到的工具和资料，并归纳整理。

3）对各个环节的用时做大致估计。

4）有交叉作业情况时的人员和资料安排。

（3）小组查阅资料，完成老师布置的学习内容。根据小组成员特点完成无形资产及其他资产业务的核算任务小组分工表（见表 6-2）。

表 6-2　无形资产及其他资产业务的核算任务小组分工表

小组成员名单	成员特点	小组中的分工	备　注

四、填写活动评价表

以小组为单位，展示本组对任务的理解及知识准备情况，然后在教师点评的基础上根据明确任务要求活动评价表中的评分标准进行评分（见表 6-3）。

表 6-3 明确任务要求活动评价表

活动__________ 组别__________ 评价人__________

项　目	自　评	互　评				教师点评				
任务明确程度										
小组分工情况										
工作计划可行性										
兴趣										
学习主动性										
承担工作表现										
工作纪律										
协作精神										
时间观念										
总　评										

注：各项评价满分 10 分，表现优秀为 10～8 分，合格为 7～6 分，不合格为 5～1 分。

活动二：无形资产业务核算

学习目标

1. 对无形资产及其他资产等业务单据进行审核，并根据这些审核无误的业务单据准确地编制记账凭证。
2. 根据相关记账凭证准确地登记无形资产及其他资产业务明细分类账和总分类账。
3. 学会分析和解决问题的方法。
4. 提高综合能力。

建议学时：4 学时

学习过程

一、知识准备

查阅资料收集以下信息，讨论并完成信息咨询内容：

（一）无形资产的概念及确认

查阅资料，讨论、总结无形资产内容，完成下列信息的咨询，如表 6-4 所示。

表 6-4　无形资产的内容

<table>
<tr><th>项　目</th><th colspan="2">内　容</th></tr>
<tr><td>概　念</td><td colspan="2">无形资产是指企业拥有或______的没有______形态的可辩认______资产</td></tr>
<tr><td rowspan="3">特　征</td><td colspan="2">1. 没有实物形态</td></tr>
<tr><td colspan="2">2. 可辩认性</td></tr>
<tr><td colspan="2">3. 属于非货币性长期资产</td></tr>
<tr><td rowspan="2">确认条件</td><td colspan="2">1. 与该无形资产有关的经济利益______流入企业</td></tr>
<tr><td colspan="2">2. 该无形资产的成本能够______计量</td></tr>
<tr><td rowspan="3">计　量</td><td>1. 外购的无形资产</td><td>买价+相关税费+直接归属于使该项资产达到预定可使用用途所发生的其他支出</td></tr>
<tr><td>2. 自行开发的无形资产</td><td>自满足开发阶段支出资本化条件后至______所发生的支出总额</td></tr>
<tr><td>3. 政府补助取得的无形资产</td><td>按公允价值计量</td></tr>
</table>

（二）无形资产的类别

讨论、总结无形资产内容，完成下列信息的咨询，如表 6-5 所示。

表 6-5　无形资产的类别

划分标准	分　类	说　明
按经济内容分类	专利权	
	商标权	
	非专利技术	
	著作权	
	土地使用权	
	特许权	
按有无期限分类	有期限无形资产	法律规定了有效期如：
	无期限无形资产	无规定有效期如：
按取得来源分类	外来无形资产	
	自创无形资产	

（三）无形资产的取得

1. 账户设置

应设置“无形资产”和“研发支出”两个科目，以便反映企业无形资产的取得成本。并按照无形资产项目专利权、商标权、非专利技术、著作权、土地使用权和特许权等进行明细核算。

请同学们完成下面列举的会计科目的“T”字形账户的借贷及余额的登记。

（1）“无形资产”科目“T”字形账户如图 6-1 所示。

借方	无形资产	贷方

图 6-1 无形资产“T”字形账户

（2）“研发支出”科目“T”字形账户如图 6-2 所示。

借方	研发支出	贷方

图 6-2 研发支出“T”字形账户

2．无形资产的取得

总结、讨论无形资产取得业务核算的内容，完成相应的会计处理。具体如表 6-6 所示。

表 6-6 无形资产取得业务的核算

<table>
<tr><th colspan="2">无形资产取得业务</th><th colspan="3">会 计 处 理</th></tr>
<tr><td rowspan="6">无形资产取得方式</td><td>外购无形资产</td><td colspan="3">借：无形资产
贷：银行存款
……</td></tr>
<tr><td rowspan="5">自行开发无形资产</td><td>研究阶段</td><td colspan="2">发生的支出应计入当期损益</td></tr>
<tr><td rowspan="2">开发阶段</td><td>不满足资本化条件的</td><td>借：研发支出——费用化支出
贷：原材料
银行存款
应付职工薪酬</td></tr>
<tr><td>满足资本化条件的</td><td>借：研发支出——资本化支出
贷：原材料
银行存款
应付职工薪酬</td></tr>
<tr><td>期末结转“研发支出——费用化支出”</td><td colspan="2">借：管理费用
贷：研发支出——费用化支出</td></tr>
<tr><td>研究开发项目达到预定用途</td><td colspan="2">借：无形资产
贷：研发支出——资本化支出</td></tr>
</table>

（四）无形资产的摊销

企业应当于取得无形资产时分析判断其使用寿命。无形资产的使用寿命如为有限的，应当估计_____或者构成使用寿命的产量等类似计量单位数量。

1．账户设置

应设置“累计摊销”科目，以便反映企业无形资产的摊销成本。

请同学们完成下面列举的会计科目的“T”字形账户的借贷及余额的登记。“累计摊销”科目“T”字形账户如图 6-3 所示。

借方	累计摊销	贷方

图 6-3　累计摊销“T”字形账户

2．无形资产的摊销方法

无形资产的摊销方法包括直线法、______法等。

3．账务处理

无形资产的摊销额一般应当计入______，企业自用的无形资产，其摊销金额计入______；出租的无形资产，其摊销的金额计入______；若某项无形资产包含的经济利益是通过所生产的产品或其他资产实现的，其摊销金额应当计入相关资产的______。

（五）无形资产的处置

总结、讨论无形资产处置业务核算内容，完成相应的会计处理。具体如表 6-7 所示。

表 6-7　无形资产处置业务的核算

<table>
<tr><th colspan="2">无形资产处置业务</th><th colspan="2">会 计 处 理</th></tr>
<tr><td rowspan="4">无形资产处置方式</td><td>企业出售无形资产</td><td colspan="2">借：银行存款
无形资产减值准备
累计摊销
营业外支出——非流动资产处置损失
贷：无形资产
银行存款
应交税费等
营业外收入——非流动资产处置利得</td></tr>
<tr><td rowspan="3">无形资产出租</td><td>取得租金收入</td><td>借：银行存款
贷：其他业务收入</td></tr>
<tr><td>发生相关税费时</td><td>借：其他业务成本
贷：银行存款</td></tr>
<tr><td>摊销出租无形资产的价值</td><td>借：其他业务成本
贷：累计摊销</td></tr>
</table>

（六）根据信息咨询完成下列问题

（1）实际业务处理中，外购和自行研发的无形资产的账务处理有何区别？

（2）企业是否可以将自行研发的无形资产直接入账？

二、布置任务

根据邢台蓝领集团公司 12 月份发生的有关无形资产业务进行账务处理。

邢台蓝领集团公司资料：

[开户银行]中国工商银行邢台钢北支行 [账号]1305158897446321 5556

[纳税人登记号]130503506792859 [地址]邢台市钢铁北路 850 号

[电话]2608888 [法人代表]李东华 [会计主管]杨阳 [会计]王方

[出纳]张英 [记账]赵磊 [税控机专管员]王晓风 [复核]李洋

邢台蓝领集团公司 12 月份发生的有关无形资产业务如下：

业务 1：12 月 6 日，邢台蓝领集团公司购买土地使用权。相关凭证如图 6-4 和图 6-5 所示。

中国工商银行
转账支票存根
10201320
036293**

附加信息

出票日期 2014 年 12 月 6 日

收款人：	邢台市政府土地管理局
金　额：	¥3 000 000.00
用　途：	购买土地使用权

单位主管：　　会计：

图 6-4　转账支票存根 17

行政事业性收费统一收据

2014 年 12 月 6 日

购买方	邢台蓝领集团公司		出售方	邢台市政府土地管理局
收费项目	单位	收费标准	数量	金额
土地使用权	m^2	5 万元/m^2	60	3 000 000.00
合计				¥3 000 000.00
人民币（大写）	叁佰万元整		支付方式	转账

收费单位（盖章）：（略）　　负责人：张英　　经办人：夏志

图 6-5　行政事业性收费统一收据 1

业务 2：12 月 10 日，邢台蓝领集团公司购买产品生产管理软件。相关凭证如图 6-6 和图 6-7 所示。

中国工商银行
转账支票存根
10201320
036293**

附加信息

出票日期 2014 年 12 月 10 日

收款人：邢台宏达阳光软件开发公司	
金　额：¥300 000.00	
用　途：购买专利权	

单位主管：　　　　会计：

图 6-6　转账支票存根 18

专利统一发票

2014 年 12 月 10 日

购　买　方	邢台蓝领集团公司	出　售　方	邢台阳光软件开发公司
专利项目名称	数　　量	单　　价	金　　额
产品生产管理软件	1	300 000.00	300 000.00
合　　计			¥300 000.00
人民币（大写）	叁拾万元整　　¥300 000.00		
付 款 方 式	转　　账		

出售单位（盖章）：（略）　　　　收款人：黄生　　　　开票人：王强

图 6-7　专利统一发票 1

业务 3：12 月 28 日，邢台蓝领集团公司自行开发新产品生产技术，开发阶段发生的支出如图 6-8～图 6-14 所示。

中国工商银行
转账支票存根
10201320
036293**

附加信息

出票日期 2014 年 12 月 10 日

收款人：新产品生产技术研发部	
金　额：¥60 000.00	
用　途：付研发人员工资	

单位主管：　　　　会计：

图 6-8　转账支票存根 19

邢台蓝领集团公司材料领料单

2014 年 12 月 28 日

领料单位	安装队		供货单位	1 号仓库	
材料名称	规格	单位	数量	单价	金额
A 材料		袋	50	100	5 000.00
C 材料		kg	500	30	15 000.00
D 材料		m	200	50	10 000.00
增值税	税率	17%		税额	5 100.00
金额合计（大写）	叁万伍仟壹佰元整		¥35 100.00		
用途	新产品生产技术开发				

领料人：杨林　　　　仓库保管员：刘义

图 6-9　材料领料单

新产品生产技术研发人员工资计算表

2014 年 12 月

姓名	工资额/元
张宏	20 000.00
杨杰	12 000.00
王晓	10 000.00
陈明	8 000.00
秦玉	10 000.00
合计	60 000.00

复核：张金　　　　制表人：宋家

图 6-10　工资计算表

国家知识产权局专利局专利收费统一收据

No. 126541**

国财 100311**　　2014 年 12 月 28 日　　现金　　支票 √

今收到：邢台蓝领集团公司	
交来：2014 年专利注册费	
金额（大写）陆仟元整	（小写）¥6 000.00
注：（1）申请号：03333378 （2）交费日期：2014 年 12 月 28 日	
收款人签章： 夏一飞	收款单位（公章）（略）

图 6-11　专利收费统一收据

中国工商银行
转账支票存根
10201320
036293**
附加信息
出票日期2014年12月28日

收款人：	邢台市专利局
金 额：	¥6 000.00
用 途：	付专利注册费

单位主管： 会计：

图 6-12 转账支票存根 20

行政事业性收费统一收据

2014年12月28日

客户名称	邢台蓝领集团公司		律师事务所名称		华新律师事务所
服务项目	单位	收费标准	评估价/元	数量	律师费/元
专利保护	项	1.5%	500 000.00	1	7 500.00
合计					¥7 500.00
人民币（大写）	柒仟伍佰元整		支付方式		转账

收费单位（盖章）：（略） 经办人：王希

图 6-13 行政事业性收费统一收据 2

中国工商银行
转账支票存根
10201320
036293**
附加信息
出票日期2014年12月28日

收款人：	邢台市华新律师事务所
金 额：	¥7 500.00
用 途：	专利权律师费

单位主管： 会计：

图 6-14 转账支票存根 21

业务4：12月31日，邢台蓝领集团公司摊销无形资产价值。相关凭证如图6-15所示。

无形资产摊销情况表

2014 年 12 月

项　　目	入账价值/元	摊销期/年	每月摊销额/元
A 专利权	540 000.00	15	3 000.00
B 专利权	480 000.00	10	4 000.00
C 商标权	240 000.00	10	2 000.00
合　　计	1 260 000.00		9 000.00

复核：张力　　　　制表人：宋家

图 6-15　无形资产摊销情况表

业务 5：12 月 31 日，邢台蓝领集团公司出售 H 专利权。相关凭证如图 6-16～图 6-19 所示。

专利统一发票

2014 年 12 月 31 日

购　买　方	邢台市宏利公司	出　售　方	邢台蓝领集团公司
专利项目名称	数　　量	单　　价	金　　额
H 专利权	1	300 000.00	300 000.00
合　　计			¥300 000.00
人民币（大写）	叁拾万元整	¥300 000.00	
付款方式	转账		

出售单位（盖章）：（略）　　收款人：刘生　　开票人：王华

图 6-16　专利统一发票 2

中国工商银行进账单（收账通知）　　3

2014 年 12 月 31 日

出票人	全　　称	邢台市宏利公司	收款人	全　　称	邢台蓝领集团公司
	账　　号	13051585974463214321		账　　号	13051588974463215556
	开户银行	中国工商银行学府路支行		开户银行	中国工商银行邢台钢北支行
金额	人民币（大写）	叁拾万元整			
票据种类	转账支票	票据张数	1		
票据号码	4 336				
复核：	记账：			（略） 收款开户银行签章：（章）	

亿	千	百	十	万	千	百	十	元	角	分
		¥	3	0	0	0	0	0	0	0

此联是收款人开户银行交给收款人的收账通知

图 6-17　进账单 9

出售无形资产价值情况表

2014 年 12 月 31 日

项　　目	原值/元	累计摊销/元	已提减值准备/元
H 专利权	400 000.00	20 000.00	30 000.00
合　　计	400 000.00	20 000.00	30 000.00

复核：张力　　　　　　　　　　　　制表：王华

图 6-18　出售无形资产价值情况表

出售无形资产应交增值税计算表

2014 年 12 月 31 日

项　　目	计税金额/元	适 用 税 率	税额/元
H 专利权	300 000.00	6%	18 000.00
合　　计	300 000.00		18 000.00

会计主管：秦大力　　　　　　　　　　　　制表：方芳

图 6-19　出售无形资产应交增值税计算表

三、任务实施

各小组根据邢台蓝领集团公司 12 月份发生的有关无形资产业务进行以下账务处理：

（1）对无形资产业务单据进行审核，并根据这些审核无误的业务单据准确地编制记账凭证。

（2）根据相关记账凭证准确地登记无形资产业务明细分类账和总分类账。

四、评价

以小组为单位，展示本组完成的会计处理。然后在教师点评的基础上对会计账务处理进行修改完善，并根据评分标准进行评分。

1. 教师点评

教师根据各小组的展示结果进行综合点评，指出各小组的优点及不足，并给出正确答案。

2. 各组学生自评、互评

各小组派代表汇报完成工作过程中出现的问题及取得的收获，并互评。

3．填写无形资产业务核算活动评价表（见表 6-8）

表 6-8　无形资产业务核算活动评价表

活动____________　组别____________　评价人____________

项　目	自　评	互　评				教师点评				
识别原始凭证										
填制记账凭证										
登记明细分类账										
登记总分类账										
填制凭证的规范										
登记账簿的规范										
语言表达能力										
团结协作精神										
工作纪律										
时间观念										
总　评										

注：各项评价满分 10 分，表现优秀为 10～8 分，合格为 7～6 分，不合格为 5～1 分。

活动三：其他资产业务核算

学习目标

1．对其他资产等业务单据进行审核，并根据这些审核无误的业务单据准确地编制记账凭证。

2．根据相关记账凭证准确地登记其他资产业务明细分类账和总分类账。

3．学会分析和解决问题的方法。

4．提高综合能力。

建议学时：2 学时

学习过程

一、知识准备

查阅资料完成下列信息的咨询：

1．其他资产的概念

其他资产是指除货币资金、交易性金融资产、应收及预付款项、存货、长期股权投资、固定资产、无形资产等以外的资产，如长期待摊费用等。

2．账户设置

应设置“长期待摊费用”账户，反映企业已经发生但应由本期和以后各期负担的、分摊期限在一年以上的各种费用，如以经营租赁方式租入的固定资产发生的改良支出等。

请同学们完成下面列举的会计科目的“T”字形账户的借贷及余额的登记。

“长期待摊费用”科目“T”字形账户如图 6-20 所示。

图 6-20　长期待摊费用“T”字形账户

3．账务处理

请同学们查阅资料，讨论、总结其他资产业务核算的内容，完成下列信息的咨询，如表 6-9 所示。

表 6-9　其他资产业务核算

业务内容	会计处理
发生长期待摊费用时	借： 贷：
长期待摊费用摊销时	借： 贷：

4．根据信息咨询完成下列问题

（1）什么是长期待摊费用？请举例说明。

（2）发生长期待摊费用时的账务处理。

（3）企业是否可以将租入固定资产的改良支出直接计入当期损益？

二、布置任务

根据邢台蓝领集团公司 12 月份发生的有关其他资产业务进行账务处理。

邢台蓝领集团公司 12 月份发生的有关其他资产业务如下：

业务 1：12 月 1 日，邢台蓝领集团公司对其以经营租赁方式新租入的办公楼进行装修，发生以下有关支出：领用生产用材料一批，同时发生有关人员工资等职工薪酬 9 150 元。12 月 31 日，该办公楼装修完工，达到预定可使用状态并交付使用。按租赁期 10 年开始进行摊销。相关凭证如图 6-21～图 6-23 所示。

领 料 单

领料部门：供应科　　　　2014 年 12 月 1 日

材料		单位	数量		单位成本/元	金额/元	过账
名称	规格		请领	实发			
B 材料		kg	50 000	50 000	1.00	50 000.00	
工作单号		用途	对租入办公楼进行装修				
工作项目							

会计主管：杨阳　　　记账：　　　发料：张凌　　　领料：徐瑞

图 6-21　领料单 9

邢台蓝领集团公司装修人员 12 月份工资结算单

单位：元

项目	岗位工资	津贴	补贴	其他	应发工资
王鸿	1 200	200	300		1 700
张强	1 000	200	250		1 450
刘力	1 200	220	300		1 720
孙晓	1 400	230	300		1 930
韩文	1 800	250	300		2 350
合计	6 600	1 100	1 450		9 150

图 6-22　工资结算单

长期待摊费用摊销计算表

2014 年 12 月

长期待摊费用名称	入账价值/元	摊销期	每月摊销额/元
		10	
合计			

复核：张强　　　　制表人：宋力

图 6-23　长期待摊费用摊销计算表 1

业务 2：12 月 5 日，邢台蓝领集团公司以经营租赁方式租入营业房一间，租赁合同规定，租期为 5 年，房屋装修及修理费由承租方负担，企业租入后开始装修，在租赁期内平均摊销。相关凭证如图 6-24 和图 6-25 所示。

中国工商银行

转账支票存根

10201320

036293**

附加信息

出票日期 2014 年 12 月 01 日

收款人：	邢台市新华装饰公司
金　额：	¥150 000.00
用　途：	营业房装修

单位主管：　　　会计：

图 6-24　转账支票存根 22

长期待摊费用摊销计算表

长期待摊费用名称	待摊金额/元	使 用 年 限	本月应摊销金额/元	备　　注
租入固定资产改良支出	150 000	5		

复核：张强　　　　　　制表人：宋力

图 6-25　长期待摊费用摊销计算表 2

三、任务实施

各小组根据邢台蓝领集团公司 12 月份发生的有关其他资产业务进行以下账务处理：

（1）对其他业务单据进行审核，并根据这些审核无误的业务单据准确地编制记账凭证。

（2）根据相关记账凭证准确地登记其他资产明细分类账和总分类账。

四、评价

以小组为单位，展示本组完成的会计处理。然后在教师点评的基础上对会计账务处理进行修改完善，并根据评分标准进行评分。

1．教师点评

教师根据各小组的展示结果进行综合点评，指出各小组的优点及不足，并给出正确答案。

2．各组学生自评、互评

各小组派代表汇报完成工作过程中出现的问题及取得的收获，并互评。

3．填写其他资产业务核算活动评价表（见表 6-10）

表 6-10　其他资产业务核算活动评价表

活动＿＿＿＿＿＿＿＿　组别＿＿＿＿＿＿＿＿　评价人＿＿＿＿＿＿＿＿

项　目	自　评	互　评				教师点评				
识别原始凭证										
填制记账凭证										
登记明细分类账										
登记总分类账										
填制凭证的规范										
登记账簿的规范										
语言表达能力										
团结协作精神										
工作纪律										
时间观念										
总　评										

注：各项评价满分 10 分，表现优秀为 10～8 分，合格为 7～6 分，不合格为 5～1 分。

活动四：工作总结与评价

学习目标

1．能正确规范地撰写总结。

2．能采用多种形式进行成果展示。

3．提高学生的自我展示与表达能力。

4．提高学生的工作总结能力。

5．提高学生的团队合作能力。

6．学会分析和解决问题的方法，提高综合能力。

建议学时：2 学时

学习过程

一、学生汇报

各小组派代表汇报以下内容：

（1）本学习任务学习的内容。
（2）完成整个任务的过程，包括创新点、团队协作等。
（3）完成整个任务过程中出现的问题及采取的改进措施。
（4）完成整个任务过程的收获。

二、各小组检查汇报小组任务的完成情况

各小组成员检查各汇报小组操作步骤的内容，查看完整性、准确性，并纠正错误，填补疏漏。

三、教师点评及总结

（1）对各小组工作完成的情况以及汇报的情况进行点评。
（2）总结学习任务完成过程中出现的问题，以及任务的重点及难点。

四、总评

（1）收集各小组活动评价表，并交给教师。
（2）派小组代表汇总下表（见表 6-11 和表 6-12）。

表 6-11 “无形资产及其他资产业务的核算”学习任务__________组成绩表

评价 活动	自评（20%）	互评（30%）				教师评价（50%）	总　分
活动一							
活动二							
活动三							
活动四							

表 6-12 “无形资产及其他资产业务的核算”学习任务总评表

组别 活动					
活动一					
活动二					
活动三					
活动四					
总　分					

五、综合整个流程评选出最优秀的团队

最优秀的团队是__________组，其次是__________组。

学习任务七
应付款项业务的核算

学习目标

通过本学习任务的学习，学生应该：

1. 能够自行查阅资料，熟知应付款项业务的流程。
2. 能够根据任务要求，合理进行工作分工。
3. 能够正确编制应付款项业务的会计分录。
4. 能与教师有效沟通，提交任务并请教师检查。
5. 能够根据评价指标，客观公正地进行自评和互评。
6. 能够自选展示方法，介绍本组完成任务的全过程。

建议学时：16学时

工作情境描述

邢台蓝领集团公司是一家集科研、生产、销售、服务于一体的大型国有企业，为增值税一般纳税人企业，增值税税率为17%，主要生产250mL酸酸乳及500mL酸酸乳。财务经理要求财产物资岗位核算员，根据该单位2014年12月份发生的有关经济业务完成以下工作：对相关原始凭证进行审核，并根据这些审核无误的业务单据准确地编制记账凭证。

学习任务描述

根据邢台蓝领集团公司12月份发生的有关应付款项业务的原始单据，进行应付业务的核算。

学生在学完“基础会计”“基础会计实训”两门课程的基础上，进行本任务的学习。本任务是本课程学习任务的中间环节。

学生从教师处接受任务，能够根据邢台蓝领集团公司发生的业务单据，进行应付业务的核算。

任务流程

活动一：明确任务要求，资讯分析，制订计划
活动二：应付账款的核算
活动三：应付票据和预收账款的核算
活动四：其他应付款的核算
活动五：工作总结与评价

活动一：明确任务要求，资讯分析，制订计划

学习目标

1. 接受应付业务核算任务。
2. 明确任务要求，做好人员配置。
3. 能明确学习任务目标。
4. 能填写任务计划书。
5. 完成信息咨询内容。

建议学时：4 学时

学习过程

一、明确工作任务

任务书是工作过程的基本依据，其中明确了该项工作的工作内容、时间要求、相关责任人等信息。学生在开始工作任务前，必须读懂任务书的内容要求，准确获取该项工作的基本信息。应付款项业务的核算任务书如表 7-1 所示。

表 7-1　应付款项业务的核算任务书

任务名称	应付款项业务的核算	时间	16 学时
任务描述	根据邢台蓝领集团公司 12 月份发生的有关应付款项业务的原始单据，进行应付款项业务的核算 学生在学完“基础会计”“基础会计实训”两门课程的基础上，进行本任务的学习。本任务是本课程学习任务的中间环节 学生从教师处接受任务，能够根据邢台蓝领集团公司发生的业务单据，进行应付业务的核算		
工作情境	邢台蓝领集团公司是一家集科研、生产、销售、服务于一体的国有大型企业，为增值税一般纳税人企业，增值税税率为 17%，主要生产 250mL 酸酸乳及 500mL 酸酸乳。财务经理要求财产物资岗位核算员，根据该单位 2014 年 12 月份发生的有关经济业务完成以下工作：对相关原始凭证进行审核，并根据这些审核无误的业务单据准确地编制记账凭证		

（续）

任务名称	应付款项业务的核算	时间	16 学时
任务目标	1. 能够自行查阅资料，熟知应付款项业务的流程 2. 能够根据任务要求，合理进行工作分工 3. 能够正确填制应付款项业务的记账凭证 4. 能与教师有效沟通，提交任务并请教师检查 5. 能够根据评价指标，客观公正地进行自评和互评 6. 能够自选展示方法，介绍本组完成任务的全过程		
资讯内容	1. 往来款项的相关知识 2. 应付账款业务的账务处理流程和核算方法 3. 应付票据和预收账款业务的账务处理流程和核算方法 4. 其他应付款的账务处理流程和核算方法		
实施步骤	活动一：明确任务要求，资讯分析，制订计划（4 学时） 活动二：应付账款的核算（4 学时） 活动三：应付票据和预收账款的核算（4 学时） 活动四：其他应付款的核算（2 学时） 活动五：工作总结与评价（2 学时）		
评价要点	1. 自学和获取信息能力 2. 组织与控制能力 3. 沟通协作能力 4. 编制记账凭证的能力 5. 登记账簿的能力 6. 语言表达能力 7. 总结归纳能力 8. 团队合作精神 9. 工作参与度 10. 工作的严谨细致性		
指导教师签字			

阅读任务书，以小组为单位讨论其内容，提炼、总结以下主要信息，再根据教师点评和组间讨论的意见，改正其中的错误和疏漏之处：

（1）任务书的要点有哪些？

____

____

____

____

（2）任务书的知识点有哪些？

____

____

____

____

二、收集以下信息，讨论并完成信息咨询内容

1．各小组讨论分析

（1）应付款项包括哪些具体内容？

____

____

____

（2）企业应付款项业务涉及哪些业务单据？

____

____

____

2．请查阅资料，回答问题

（1）应付账款是指企业因购买______和______等而发生的债务。

（2）应付账款的入账时间和入账价值。

1）入账时间：

① 材料（商品）和发票账单同时到达，入库后，按______入账。

② 材料（商品）已到，发票账单未到：

A．平时不入账，收到发票账单后按______处理。

B．月末账单仍未到，按______入账

2）入账价值：

A．发票账单的实际价款及代垫的款项。

B．应付给供应单位价款的暂估价。

（3）应付票据是指企业购买材料、商品和接受劳务等而开出、承兑的______，包括______和______。

（4）预收账款是指企业按照合同规定向购货单位_______的款项。

（5）其他应付款是指企业除了应付票据、应付账款、预收账款、应付职工薪酬、应交税费等流动负债外，还会发生一些应付、暂收其他单位和个人的款项。内容包括：____。

（6）相关计算公式如下：

应纳税额=________________________

销项税额=________________________

进项税额=________________________

三、制订工作计划

工作计划是一个单位或团体在一定时期内为完成某项工作制订的工作安排，内容一般应包括人员分工、资料清单、工期安排等内容。

（1）制订工作计划，首先应查阅相关资料，明确完成本任务的基本操作步骤，具体如下：

1）____

2）____

3）____

……

（2）明确应付款项业务核算的基本步骤后，根据资料中的信息，结合小组讨论的意见，确定以下几个方面的内容：

1）人员的基本分工。

2）每个环节需要用到的工具和资料，并归纳整理。

3）对各个环节的用时做大致估计。

4）有交叉作业情况时的人员和资料安排。

（3）小组查阅资料，完成老师布置的学习内容。根据小组成员特点完成应付款项业务的核算任务小组分工表（见表 7-2）。

表 7-2　应付款项业务的核算任务小组分工表

小组成员名单	成员特点	小组中的分工	备注

四、填写活动评价表

以小组为单位，展示本组对任务的理解及知识准备情况，然后在教师点评的基础上根据明确任务要求活动评价表评分标准进行评分（见表 7-3）。

表 7-3　明确任务要求活动评价表

活动____________　组别____________　评价人____________

项目	自评	互评				教师点评				
任务明确程度										
小组分工情况										
工作计划可行性										
兴趣										
学习主动性										
承担工作表现										
工作纪律										
协作精神										
时间观念										
总评										

注：各项评价满分 10 分，表现优秀为 10～8 分，合格为 7～6 分，不合格为 5～1 分。

活动二：应付账款的核算

学习目标

1．能在教师的指导下，制订工作计划，合理进行分工。

2．能够根据日常业务单据，说出其反映的经济业务内容。

3．能够根据工作分工，密切合作，按业务流程完成各项任务。

建议学时：4 学时

学习过程

一、知识准备

查阅资料收集以下信息，讨论并完成信息咨询内容：

1．应付账款的账户设置

请同学们完成下面列举的会计科目的“T”字形账户的借贷及余额的登记。

“应付账款”科目“T”字形账户如图 7-1 所示。

借方	应付账款	贷方

图 7-1　应付账款“T”字形账户

2．应付账款业务的核算内容

总结讨论应付账款业务的核算内容，如表 7-4 所示。

表 7-4　应付账款业务的核算内容

业务内容		会计处理
应付账款	购入材料，货款未付时	借：库存商品（原材料等） 应交税费——应交增值税（进项税额） 贷：应付账款
	偿还货款时	借：应付账款 贷：银行存款
	开出商业汇票抵付货款时	借：应付账款 贷：应付票据

二、布置任务

根据邢台蓝领集团公司 12 月份发生的有关应付账款业务进行账务处理。

业务 1：邢台蓝领集团公司以转账支票支付前欠邢台东方钢铁厂货款。相关凭证如图 7-2 所示。

中国工商银行
转账支票存根
10201320
036293**
附加信息
出票日期 2014 年 12 月 12 日
收款人：邢台市东方钢铁厂
金　额：¥68 000.00
用　途：支付前欠货款
单位主管：　　会计：

图 7-2　转账支票存根 23

业务 2：邢台蓝领集团公司购入材料一批，款未付。相关凭证如图 7-3 和图 7-4 所示。

材料入库单

供应单位：中立钢铁公司　　　　2014 年 12 月 6 日

发票号：							字第　号								
材料类别	材料名称	规格材质	计量单位	应收数量	实收数量	单价/元	金额								第三联 会计
							十	万	千	百	十	元	角	分	
	圆钢		吨	12	12	5 000		6	0	0	0	0	0	0	
检验结果　检验员签章：				运杂费											
				合　计			¥	6	0	0	0	0	0	0	
备注															

仓库：　　　材料会计：　　　验收人：周国强　　　交料人：王家

图 7-3　材料入库单 13

1300113130　　**河北省增值税专用发票**　　No. 019411**

校验码 48163 59032 22269 87***　此联不做报销 扣税凭证使用　开票日期：　2014 年 12 月 16 日

购货单位	名　　称：邢台蓝领集团公司 纳税人识别号：130503506792859 地址、电话：邢台市钢铁北路 850 号 2608888 开户银行及账号：中国工商银行邢台钢北支行 13051588974463215556			密码区	（略）		
货物或应税劳务名称	规格型号	单位	数量	单价/元	金额	税率	税额
圆钢		吨	12	5 000	60 000.00	17%	10 200.00
合　计					¥60 000.00		¥10 200.00
价税合计（大写）	人民币柒万零贰佰元整				（小写）¥70 200.00		
销货单位	名　　称 中立钢铁公司 纳税人识别号：370863786263289 地址、电话：邢台市光明路 87 号 458858 开户银行及账号：中国工商银行光明路支行 62210804987654			备注	中立钢铁公司 发票专用章		

收款人：　　　复核：　　　开票人：王慧　　　销货单位：（章）

国税函（2011）318 号北京至美数码防伪印务有限公司

第一联 记账联 销货方记账凭证

图 7-4　增值税专用发票 24

三、任务实施

各小组根据邢台蓝领集团公司 12 月份发生的有关应收业务进行以下账务处理：

（1）根据经济业务填制部分原始凭证。

（2）根据原始凭证填制记账凭证。

（3）根据记账凭证逐笔登记原材料的总分类账及明细分类账。

（4）月末将原材料总分类账与明细分类账进行核对。

四、评价

以小组为单位，展示本组完成的会计处理。然后在教师点评的基础上对会计账务处理进行修改完善，并根据评分标准进行评分。

1．教师点评

教师根据各小组的展示结果进行综合点评，指出各小组的优点及不足，并给出正确答案。

2．各组学生自评、互评

各小组派代表汇报完成工作过程中出现的问题及取得的收获，并互评。

3．填写应付账款的核算活动评价表（见表 7-5）

表 7-5　应付账款的核算活动评价表

活动＿＿＿＿＿＿＿＿　组别＿＿＿＿＿＿＿＿　评价人＿＿＿＿＿＿＿＿

项　目	自　评	互　评				教师点评				
信息正确性										
书写规范										
语言表达能力										
学习主动性										
承担工作表现										
工作纪律										
协作精神										
时间观念										
总　评										

注：各项评价满分 10 分，表现优秀为 10～8 分，合格为 7～6 分，不合格为 5～1 分。

活动三：应付票据和预收账款的核算

学习目标

1．能够根据经济业务内容，正确填制日常业务单据。

2．能够根据工作分工，密切合作，按业务流程完成各项任务。

3. 能够有效展示工作成果。

建议学时：4 学时

学习过程

一、知识准备

查阅资料完成下列信息的咨询：

1. 应付票据与预收账款的账户设置

请同学们完成下面列举的会计科目的“T”字形账户的借贷及余额的登记。

（1）“应付票据”科目“T”字形账户如图 7-5 所示。

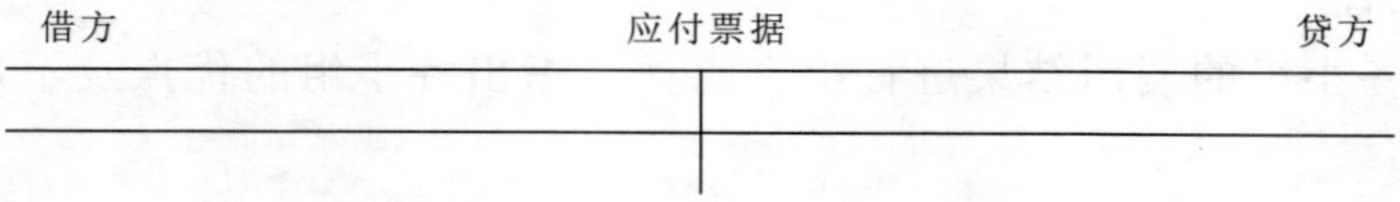

图 7-5 应付票据“T”字形账户

（2）“预收账款”科目“T”字形账户如图 7-6 所示。

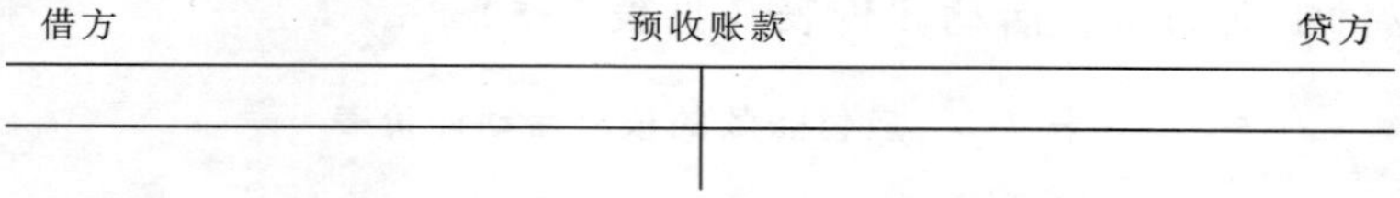

图 7-6 预收账款“T”字形账户

2. 应付票据和预收账款业务核算内容

总结讨论应付票据和预收账款业务核算内容，如表 7-6 所示。

表 7-6 应付票据和预收账款业务核算内容

业务内容		会计处理
应付票据	开出应付票据时	借：库存商品（原材料等） 应交税费——应交增值税（进项税额） 贷：应付票据
	支付银行手续费时	借：财务费用 贷：银行存款
	票据到期，支付时	借：应付票据 贷：银行存款
	票据到期，无力支付时	借：应付票据 贷：应付账款
预收账款	预收款项时	借：银行存款 贷：预收账款
	确认收入时	借：预收账款 贷：主营业务收入 应交税费——应交增值税（销项税额）
	退回多余款时	借：预收账款 贷：银行存款

二、布置任务

邢台蓝领集团公司 12 月份发生的有关应付票据和预收账款业务如下：

业务 1：邢台蓝领集团公司以商业承兑汇票抵付中华公司的应付账款，如图 7-7 所示。

商业承兑汇票（卡片）

出票日期　　　　汇票号码：**00087****

（大写）贰零壹肆年壹拾贰月壹拾贰日

付款人	全　称	邢台蓝领集团公司	收款人	全　称	中华公司								
	账　号	13051588974463215556		账　号	56010113245								
	开户银行	中国工商银行邢台钢北支行		开户银行	中国工商银行中山路支行								
出票金额		人民币（大写）叁万捌仟元整			百	十	万	千	百	十	元	角	分
						¥	3	8	0	0	0	0	0
汇票到期日（大写）		贰零壹伍年零贰月壹拾贰日	付款人开户行	账号									
				地址									
交易合同号：03870			备注：										
出票人签章													

图 7-7　商业承兑汇票 4

业务 2：邢台蓝领集团公司预收江南机械厂货款。相关凭证如图 7-8 和图 7-9 所示。

中国工商银行信汇凭证（收账通知）　　4

委托日期 2014 年 12 月 24 日

汇款人	全　称	邢台蓝领集团公司	收款人	全　称	江南机械厂									
	账　号	13051588974463215556		账　号	34501185677532									
	汇出地点	河北省邢台市		汇入地点	浙江省杭州/市/县									
汇出行名称		中国工商银行邢台钢北支行	汇入行名称		中国工商银行									
金额	人民币（大写）	贰拾万元整	亿	千	百	十	万	千	百	十	元	角	分	
					¥	2	0	0	0	0	0	0	0	
款项已汇入收款人账户 汇出行签章：			支付密码											
			附加信息及用途： 购买包装箱 复核：　　记账：											

图 7-8　信汇凭证 2

收　款　收　据

2014 年 12 月 24 日

今收到：江南机械厂	
人民币（大写）贰拾万元整	小写：¥200 000.00
事由：预付货款	
收款单位：邢台蓝领集团公司	交款人：

图 7-9　收款收据 4

三、任务实施

各小组根据邢台蓝领集团公司 12 月份发生的有关应付票据和预收账款业务进行以下账务处理：

（1）根据经济业务填制部分原始凭证。

（2）根据原始凭证填制记账凭证。

（3）根据记账凭证逐笔登记原材料的总分类账及明细分类账。

（4）月末将原材料总分类账与明细分类账进行核对。

四、评价

以小组为单位，展示本组完成的会计处理。然后在教师点评的基础上对会计账务处理进行修改完善，并根据评分标准进行评分。

1．教师点评

教师根据各小组的展示结果进行综合点评，指出各小组的优点及不足，并给出正确答案。

2．各组学生自评、互评

各小组派代表汇报完成工作过程中出现的问题及取得的收获，并互评。

3．填写应付票据和预收账款的核算活动评价表（见表 7-7）

表 7-7 应付票据和预收账款的核算活动评价表

活动__________ 组别__________ 评价人__________

项目	自评	互评				教师点评				
识别原始凭证										
填制记账凭证										
登记明细分类账										
登记总分类账										
填制凭证的规范										
登记账簿的规范										
语言表达能力										
团结协作精神										
工作纪律										
时间观念										
总评										

注：各项评价满分 10 分，表现优秀为 10～8 分，合格为 7～6 分，不合格为 5～1 分。

活动四：其他应付款的核算

学习目标

1. 能够根据经济业务内容，正确填制日常业务单据。
2. 能够根据工作分工，密切合作，按业务流程完成各项任务。
3. 能够有效展示工作成果。

建议学时：2 学时

学习过程

一、知识准备

查阅资料完成下列信息的咨询：

1．其他应付款的账户设置

请同学们完成下面列举的会计科目的“T”字形账户的借贷及余额的登记。

“其他应付款”科目“T”字形账户如图 7-10 所示。

借方	其他应付款　　　　贷方

图 7-10　其他应付款“T”字形账户

2．其他应付款业务核算内容

总结讨论其他应付款业务核算内容，如表 7-8 所示。

表 7-8　其他应付款业务核算内容

业务内容		会计处理
其他应付款	发生时	借：管理费用 制造费用 贷：其他应付款
	支付时	借：其他应付款 贷：银行存款
	出租包装物收取押金时	借：银行存款 贷：其他应付款
	收回出租包装物时	借：其他应付款 贷：银行存款

二、布置任务

邢台蓝领集团公司 12 月份发生的有关其他应付款的业务如下：

业务 1：邢台蓝领集团公司收到出租包装物押金。相关凭证如图 7-11 和图 7-12 所示。

中国工商银行 进账单（收账通知） 3

2014 年 12 月 22 日

<table>
<tr><td rowspan="3">出票人</td><td>全　称</td><td>华工公司</td><td rowspan="3">收款人</td><td>全　称</td><td colspan="11">邢台蓝领集团公司</td></tr>
<tr><td>账　号</td><td>4746-274664</td><td>账　号</td><td colspan="11">13051588974463215556</td></tr>
<tr><td>开户银行</td><td>中国工商银行中华街支行</td><td>开户银行</td><td colspan="11">中国工商银行邢台钢北支行</td></tr>
<tr><td rowspan="2">金额</td><td colspan="4" rowspan="2">人民币（大写）叁仟伍佰元整</td><td>亿</td><td>千</td><td>百</td><td>十</td><td>万</td><td>千</td><td>百</td><td>十</td><td>元</td><td>角</td><td>分</td></tr>
<tr><td></td><td></td><td></td><td></td><td>¥</td><td>3</td><td>5</td><td>0</td><td>0</td><td>0</td><td>0</td></tr>
<tr><td colspan="2">票据种类</td><td>转账支票</td><td>票据张数</td><td>1</td><td colspan="11" rowspan="3">收款开户银行签章（章）</td></tr>
<tr><td colspan="2">票据号码</td><td colspan="3"></td></tr>
<tr><td colspan="5">复核：　　　　记账：</td></tr>
</table>

此联是收款人开户银行交给收款人的收账通知

图 7-11　进账单 10

收 款 收 据

2014 年 12 月 22 日

今收到：华工公司	
人民币（大写）叁仟伍佰元整	小写：¥3 500.00
事由：归还租入包装物押金	
收款单位：邢台蓝领集团公司	交款人：

图 7-12　收款收据 5

业务 2：邢台蓝领集团公司收回出租包装物，归还华工公司押金。相关凭证如图 7-13 和图 7-14 所示。

中国工商银行

转账支票存根

10201320

036293**

附加信息________________

出票日期 2014 年 12 月 25 日

收款人：	华工公司
金　额：	¥3 500.00
用　途：	归还出租包装物押金

单位主管：　　　　会计：

图 7-13　转账支票存根 24

收 款 收 据

2014 年 12 月 25 日

今收到：邢台蓝领集团公司	
人民币（大写）叁仟伍佰元整	小写：¥3 500.00
事由：出租包装物押金	
收款单位：华工公司	交款人：

图 7-14　收款收据 6

三、任务实施

各小组根据邢台蓝领集团公司 12 月份发生的有关其他应付款的业务进行以下账务处理：

（1）根据经济业务填制部分原始凭证。

（2）根据原始凭证填制记账凭证。

（3）根据记账凭证逐笔登记其他应付款的总分类账及明细分类账。

（4）月末将其他应付款的总分类账与明细分类账进行核对。

四、评价

以小组为单位，展示本组完成的会计处理。然后在教师点评的基础上对会计账务处理进行修改完善，并根据评分标准进行评分。

1．教师点评

教师根据各小组的展示结果进行综合点评，指出各小组的优点及不足，并给出正确答案。

2．各组学生自评、互评

各小组派代表汇报完成工作过程中出现的问题及取得的收获，并互评。

3．填写其他应付款的核算活动评价表（见表 7-9）

表 7-9　其他应付款的核算活动评价表

活动＿＿＿＿＿＿＿　组别＿＿＿＿＿＿＿　评价人＿＿＿＿＿＿＿

项　目	自　评	互　评				教 师 点 评				
信息正确性										
书写规范										
语言表达能力										
学习主动性										
承担工作表现										
工作纪律										
协作精神										
时间观念										
总　评										

注：各项评价满分 10 分，表现优秀为 10～8 分，合格为 7～6 分，不合格为 5～1 分。

活动五：工作总结与评价

学习目标

1. 能正确规范地撰写总结。
2. 能采用多种形式进行成果展示。
3. 提高学生的自我展示与表达能力。
4. 提高学生的工作总结能力。
5. 提高学生的团队合作能力。
6. 学会分析和解决问题的方法，提高综合能力。

建议学时：2 学时

学习过程

一、学生汇报

各小组派代表汇报以下内容：

（1）本学习任务学习的内容。

（2）完成整个任务的过程，包括创新点、团队协作等。

（3）完成整个任务过程中出现的问题及采取的改进措施。

（4）完成整个任务过程的收获。

二、各小组检查汇报小组任务的完成情况

各小组成员检查各汇报小组操作步骤的内容，查看完整性、准确性，并纠正错误，填补疏漏。

三、教师点评及总结

（1）对各小组工作完成的情况以及汇报的情况进行点评。

（2）总结学习任务完成过程中出现的问题，以及任务的重点及难点。

四、总评

（1）收集各小组活动评价表，并交给教师。

（2）派小组代表汇总下表（见表 7-10 和表 7-11）。

表 7-10 “应付款项业务的核算”学习任务 ______组成绩表

评价 / 活动	自评（20%）	互评（30%）				教师评价（50%）	总分
活动一							
活动二							
活动三							
活动四							
活动五							

表 7-11 “应付款项业务的核算”学习任务总评表

组别 / 活动					
活动一					
活动二					
活动三					
活动四					
活动五					
总　分					

五、综合整个流程评选出最优秀的团队

最优秀的团队是__________组，其次是__________组。

学习任务八

企业资金进入和退出的核算

学习目标

通过本学习任务的学习，学生应该：

1. 能够根据任务要求，合理进行工作分工。
2. 能理解企业资金周转的整个流程。
3. 具备设置资金进入业务的账户以及进行账务处理的能力。
4. 能理解各项利润指标的构成。
5. 能了解利润分配的内容以及利润分配的原则。
6. 具备设置资金退出业务的账户以及进行账务处理的能力。
7. 具备根据经济业务内容正确登记总分类账和明细分类账的能力。
8. 能够与教师有效沟通，提交任务并请教师检查。
9. 能够根据评价指标，客观公正地进行自评和互评。
10. 能够自选展示方法，介绍本组完成任务的全过程。

建议学时：20 学时

工作情境描述

邢台蓝领集团公司创建初期，销售额缓慢增长，经董事会决定，将扩大经营，购进设备，但是资金有限。为了实现目标，企业决定通过进入资金和寻找股东的方式，来解决当前的困难，要求会计人员对相关业务进行账务处理。

邢台蓝领集团公司经过一年的努力，2014 年年末超额完成年初制定的经济目标。董事会做出决定，对利润进行分配。但是，仍有一些股东感觉不满意，要求退股。会计人员根据利润分配的顺序，进行账务处理。

学习任务描述

学生在学完“基础会计”“基础会计实训”两门课程的基础上，进行本任务的学习。本任务是本课程学习任务的中间环节。

学生从教师处接受任务，能够根据邢台蓝领集团公司发生的业务单据，进行企业资金进入和退出的账务处理。

任务流程

活动一：明确任务要求，资讯分析，制订计划

活动二：企业资金进入核算

活动三：企业资金退出核算

活动四：工作总结与评价

活动一：明确任务要求，资讯分析，制订计划

学习目标

1. 接受资金进入和退出核算。
2. 明确任务要求，做好人员配置。
3. 能明确学习任务目标。
4. 能填写任务计划书。
5. 完成信息咨询内容。

建议学时：2 学时

学习过程

一、明确工作任务

任务书是工作过程的基本依据，其中明确了该项工作的工作内容、时间要求、相关责任人等信息。学生在开始工作任务前，必须读懂任务书的内容要求，准确获取该项工作的基本信息。企业资金进入和退出的核算任务书如表 8-1 所示。

表 8-1 企业资金进入和退出的核算任务书

<table>
<tr><td>任务名称</td><td>企业资金进入和退出的核算</td><td>时间</td><td>20 学时</td></tr>
<tr><td>任务描述</td><td colspan="3">学生在学完“基础会计”“基础会计实训”两门课程的基础上，进行本任务的学习。本任务是本课程学习任务的中间环节
学生从教师处接受任务，能够根据邢台蓝领集团公司发生的业务单据，进行企业资金进入和退出的账务处理</td></tr>
<tr><td>工作情境</td><td colspan="3">邢台蓝领集团公司创建初期，销售额缓慢增长，经董事会决定，将扩大经营，购进设备，但是资金有限。为了实现目标，企业决定通过进入资金和寻找股东的方式，来解决当前的困难，要求会计人员对相关业务进行账务处理
邢台蓝领集团公司经过一年的努力，2012 年年末超额完成年初制定的经济目标。董事会做出决定，对利润进行分配。但是，仍有一些股东感觉不满意，要求退股。会计人员根据利润分配的顺序，进行账务处理</td></tr>
<tr><td>任务目标</td><td colspan="3">1. 能够根据任务要求，合理进行工作分工
2. 能理解企业资金周转的整个流程
3. 能设置资金进入业务的账户以及进行账务处理的能力
4. 能理解各项利润指标的构成
5. 能了解利润分配的内容以及利润分配的原则
6. 能设置资金退出业务的账户以及进行账务处理的能力
7. 能根据经济业务内容正确登记总分类账和明细分类账的能力
8. 能够与教师有效沟通，提交任务并请教师检查
9. 能够根据评价指标，客观公正地进行自评和互评
10. 能够自选展示方法，介绍本组完成任务的全过程</td></tr>
<tr><td>资讯内容</td><td colspan="3">1. 企业资金周转的整个流程
2. 根据进入资金设置账户，进行相关的账务处理
3. 利润指标的构成内容
4. 利润分配的顺序
5. 利润分配的账务处理</td></tr>
<tr><td>实施步骤</td><td colspan="3">活动一：明确任务要求，资讯分析，制订计划（2 学时）
活动二：企业资金进入核算（8 学时）
活动三：企业资金退出核算（8 学时）
活动四：工作总结与评价（2 学时）</td></tr>
<tr><td>评价要点</td><td colspan="3">1. 自学和获取信息的能力
2. 组织与控制能力
3. 沟通协作能力
4. 根据企业资金进入的经济业务内容进行账务处理的能力
5. 根据企业资金退出的经济业务内容进行账务处理的能力
6. 完成企业资金周转的整个流程的能力
7. 语言表达及归纳能力
8. 工作参与度及纪律性</td></tr>
<tr><td>指导教师签字</td><td colspan="3"></td></tr>
</table>

阅读任务书，以小组为单位讨论其内容，提炼、总结以下主要信息，再根据教师点评和组间讨论的意见，改正其中的错误和疏漏之处：

（1）任务书的要点有哪些？

______

______

______

（2）任务书的知识点有哪些？

______

______

______

二、收集以下信息，讨论并完成信息咨询内容

查阅资料完成下列信息的咨询：

（1）企业资金周转包含几个流程？

（2）简述企业资金周转的各个流程。

（3）企业资金进入和退出需要设置的账户有哪些？简述其账户结构。

三、制订工作计划

工作计划是一个单位或团体在一定时期内为完成某项工作制订的工作安排，内容一般应包括人员分工、资料清单、工期安排等内容。

（1）制订工作计划，首先应查阅相关资料，明确完成这一任务的基本操作步骤，具体如下：

1）______

2）______

3）______

……

（2）明确企业资金进入和退出核算的基本步骤后，根据资料中的信息，结合小组讨论的意见，确定以下几个方面的内容：

1）人员的基本分工。

2）每个环节需要用到的工具和资料，并归纳整理。

3）对各个环节的用时做大致估计。

4）有交叉作业情况时的人员和资料安排。

（3）小组查阅资料，完成老师布置的学习内容。根据小组成员特点完成企业资金进入和退出的核算任务小组分工表（见表 8-2）。

表 8-2 企业资金进入和退出的核算任务小组分工表

小组成员名单	成员特点	小组中的分工	备注

四、填写活动评价表

以小组为单位，展示本组对任务的理解及知识准备情况，然后在教师点评的基础上，根据明确任务要求活动评价表中的评分标准进行评分（见表 8-3）。

表 8-3 明确任务要求活动评价表

活动________________ 组别________________ 评价人________________

项目	自评	互评				教师点评				
任务明确程度										
小组分工情况										
工作计划可行性										
知识运用能力										
学习主动性										
承担工作表现										
工作纪律										
协作精神										
时间观念										
总评										

注：各项评价满分 10 分，表现优秀为 10～8 分，合格为 7～6 分，不合格为 5～1 分。

活动二：企业资金进入核算

学习目标

1. 能了解企业资金周转的整个流程。
2. 能了解投入资本账户的设置。
3. 具有根据经济业务内容正确登记总分类账和明细分类账的能力。
4. 具有针对经济业务进行账务处理的能力，并填制凭证。
5. 能提高学生信息查询能力、沟通能力、合作能力、表达能力。

建议学时：8 学时

学习过程

一、知识准备

查阅资料收集以下信息，讨论并完成信息咨询内容：

（一）企业资金进入的理论知识

（1）实收资本是指企业按照______，接受投资者投入企业的资本。

（2）有限责任公司通过“______”科目，股份有限公司通过“______”科目核算投资者投入资本的增减变动情况。

（3）企业增加资金的途径有______、______和______3 个途径。

（4）企业接受投资者追加投资的，与初次投资的处理原则一致。

（5）资本公积和盈余公积转增资本时，按______金额确认实收资本或股本。

（6）企业接受投资者作价投入的非现金资产，应按______ 确定入账价值（但投资合同或协议约定价值不公允的除外）和在注册资本中应享有的份额。

（7）对于投资合同或协议约定的价值（不公允的除外）超过其在注册资本中所占份额的部分，应当计入______。

（二）企业资金进入业务需设置的账户名称及结构

请同学们完成下面列举的会计科目的“T”字形账户的借贷及余额的登记。

1．“实收资本”账户

实收资本具体表现为投资者实际投入企业经营活动的各种财产物资。投资人可以用货币资金、存货、固定资产、无形资产等各种形式的资产对企业投资。如果投资者以无形资产方式出资时，企业吸收的无形资产出资额一般不得超过其注册资本总额的 20%。实收资本“T”字形账户如图 8-1 所示。

借方　　　　实收资本	贷方

图 8-1　实收资本“T”字形账户

2．“资本公积”账户

资本公积是指由投资者投入但不能构成实收资本，或从其他特定来源取得、由投资人共同享有的部分。

资本公积的形成来源主要是资本溢价。资本溢价是投资者缴付的出资额大于注册资本的差额。

“资本公积”账户按资本公积的形成来源设置“资本溢价”和“其他资本公积”明细科目。资本公积“T”字形账户如图 8-2 所示。

借方	资本公积	贷方

图 8-2 资本公积“T”字形账户

二、布置任务

邢台蓝领集团公司 2014 年 12 月发生以下经济业务：

业务 1：邢台蓝领集团公司收到邢台新华公司的投资款。相关凭证如图 8-3 和图 8-4 所示。

中国工商银行进账单（收账通知）

2014 年 12 月 05 日

出票人	全　称	邢台新华公司	收款人	全　称	邢台蓝领集团公司
	账　号	215054854		账　号	13051588974463215556
	开户银行	中国工商银行学府路支行		开户银行	中国工商银行邢台钢北支行

金额	亿	千	百	十	万	千	百	十	元	角	分
人民币（大写）玖万元整				¥	9	0	0	0	0	0	0

票据种类	转账支票	票据张数	1
票据号码			

复核：　　记账：

（略）

收款开户银行签章：（章）

此联是收款人开户银行交给收款人的收账通知

图 8-3 进账单 11

收 款 收 据

2014 年 12 月 05 日

交款单位：邢台新华公司

交　　来：投资款

人民币（大写）：玖万元整　　¥ 90 000.00

收款单位：邢台蓝领集团公司

（财务专用章）　　会计主管：林跃　　收款：张文

图 8-4 收款收据 7

业务 2：投资者以固定资产投入资本。相关凭证如图 8-5 所示。

固定资产移交使用验收单

2014 年 12 月 7 日

投资方	新明公司			受资方	邢台蓝领集团公司		
固定资产名称	规格型号	单位	数量	预计使用年限	合同或协议约定价格	原始价格	已提折旧
流水线	B 型	条	1	10 年	5 680 000 元	5 680 000 元	预计年限
投资方（盖章） （章略）		受资方（盖章） （章略）			投资方经办人：张进 受资方经办人：林跃		

厂长或负责人：　　　　　固定资产管理部门：　　　　　财务部门：

图 8-5　固定资产移交使用验收单

业务 3：邢台蓝领集团公司通过南方证券公司发行股票。相关凭证如图 8-6 和图 8-7 所示。

中国工商银行进账单（收账通知）

2014 年 12 月 15 日

出票人	全　称	南方证券公司	收款人	全　称	邢台蓝领集团公司
	账　号	215054854		账　号	13051588974463215556
	开户银行	中国工商银行新华路支行		开户银行	中国工商银行邢台钢北支行

金额	亿	千	百	十	万	千	百	十	元	角	分
人民币（大写）壹仟万元整	¥	1	0	0	0	0	0	0	0	0	0

票据种类	转账支票	票据张数	1
票据号码			

复核：　　　　记账：

（略）

收款开户银行签章：（章）

此联是收款人开户银行交给收款人的收账通知

图 8-6　进账单 12

收 款 收 据

2014 年 12 月 15 日

交款单位：南方证券公司

交　　来：股票款

人民币（大写）：壹仟万元整　　　　¥ 10 000 000.00

收款单位：邢台蓝领集团公司

（财务专用章）　　　　会计主管：林跃　　　　收款：张文

图 8-7　收款收据 8

业务 4：巨峰公司向邢台蓝领集团公司投入资本。相关凭证如图 8-8～图 8-10 所示。

联营投资协议书（代合同）

受资方：邢台蓝领集团公司

投资方：巨峰公司

……

第五条：投资方投资现金 500 万元，占受资方注册资本总额 3 000 万元的 10%。投资期 10 年，从 2014 年 12 月 10 日起至 2024 年 12 月 10 日止。

图 8-8　联营投资协议书

中国工商银行进账单（收账通知）

2014 年 12 月 10 日

<table>
<tr><td rowspan="3">出票人</td><td>全　　称</td><td>巨峰公司</td><td rowspan="3">收款人</td><td>全　　称</td><td colspan="11">邢台蓝领集团公司</td><td rowspan="8">此联是收款人开户银行交给收款人的收账通知</td></tr>
<tr><td>账　　号</td><td>215054854</td><td>账　　号</td><td colspan="11">13051588974463215556</td></tr>
<tr><td>开户银行</td><td>中国工商银行新华路支行</td><td>开户银行</td><td colspan="11">中国工商银行邢台钢北支行</td></tr>
<tr><td rowspan="2">金额</td><td colspan="3" rowspan="2">人民币（大写）伍佰万元整</td><td>亿</td><td>千</td><td>百</td><td>十</td><td>万</td><td>千</td><td>百</td><td>十</td><td>元</td><td>角</td><td>分</td></tr>
<tr><td></td><td>¥</td><td>5</td><td>0</td><td>0</td><td>0</td><td>0</td><td>0</td><td>0</td><td>0</td><td>0</td></tr>
<tr><td>票据种类</td><td>转账支票</td><td>票据张数</td><td>1</td><td colspan="12" rowspan="3">（略）
收款开户银行签章：（章）</td></tr>
<tr><td>票据号码</td><td colspan="3"></td></tr>
<tr><td colspan="4">复核：　　记账：</td></tr>
</table>

图 8-9　进账单 13

收　款　收　据

2014 年 12 月 15 日

交款单位：巨峰公司

交　　来：投资款

人民币（大写）：伍佰万元整　　¥ 5 000 000.00

收款单位：邢台蓝领集团公司

（财务专用章）　　会计主管：林跃　　收款：张文

图 8-10　收款收据 9

三、任务实施

各小组根据邢台蓝领集团公司 2014 年 12 月份发生的有关企业资金进入的业务进行以下账务处理：

（1）填写部分原始凭证。

（2）开设“实收资本”“资本公积”账户，登记期初余额。

（3）分析原始凭证，确定会计分录，填制记账凭证。

（4）根据记账凭证逐笔登记资金进入总分类账和明细分类账，结出本期发生额和期末余额。

四、评价

以小组为单位，展示本组完成的会计处理。然后在教师点评的基础上对会计账务处理进行修改完善，并根据评分标准进行评分。

1．教师点评

教师根据各小组的展示结果进行综合点评，指出各小组的优点及不足，并给出正确答案。

2．各组学生自评、互评

各小组派代表汇报完成工作过程中出现的问题及取得的收获，并互评。

3．填写企业资金进入核算活动评价表（见表 8-4）

表 8-4　企业资金进入核算活动评价表

活动________________ 组别________________ 评价人________________

项　目	自　评	互　评				教师点评				
识别原始凭证										
填制记账凭证										
登记明细分类账										
登记总账										
填制凭证的规范										
登记账簿的规范										
语言表达能力										
团队协作精神										
工作纪律										
时间观念										
总　评										

注：各项评价满分 10 分，表现优秀为 10～8 分，合格为 7～6 分，不合格为 5～1 分。

活动三：企业资金退出核算

学习目标

1．能理解各项利润指标的构成。

2．能了解利润分配的程序。

3．能了解利润分配的内容以及利润分配的原则。

4. 能设置资金退出业务的账户。

5. 具有根据资金退出业务进行总分类账和明细分类账正确的登记的能力。

6. 具有独立完成利润分配会计账务处理的能力。

7. 能提高学生信息查询能力、沟通能力、合作能力、表达能力。

建议学时：8 学时

学习过程

一、知识准备

查阅资料收集以下信息，讨论并完成信息咨询内容：

（一）企业资金退出的理论知识

（1）企业各项利润指标的构成内容有哪些？

（2）简述利润分配的程序。

（3）留存收益包括企业的______和______两个部分。

（4）未分配利润是企业经过利润分配后______企业的、历年结存的利润。

（5）简述利润分配的顺序。

利润分配是指企业根据国家有关规定和企业章程、投资者的决议等，对企业当年可供分配的利润所进行的分配。

企业______加上年初未分配利润（或减年初未弥补亏损）和其他转入后的余额，为可供分配的利润。即：

可供分配利润=______+______+______

可供分配的利润，按下列顺序分配：①提取法定盈余公积；②提取任意盈余公积；③向投资者分配利润。

（二）企业资金退出业务需设置的账户及账户结构

请同学们完成下面列举的会计科目的“T”字形账户的借贷及余额的登记。

1．“盈余公积”账户

盈余公积是指企业按照规定从净利润中提取的积累资金，分为法定盈余公积和任意盈余公积两种。法定盈余公积可按净利润的10%比例提取；任意盈余公积由企业自行决定提取。

企业提取盈余公积主要有以下 3 种用途：一是______；二是______；三是______。

盈余公积“T”字形账户如图 8-11 所示。

借方　　　　盈余公积　　　　贷方

图 8-11　盈余公积“T”字形账户

注意：“盈余公积”账户有两个明细科目：“法定盈余公积”和“任意盈余公积”。

2．**“利润分配”账户**

按照会计准则规定，企业应在净利润的基础上，先弥补以前年度亏损，再提取盈余公积，然后才能给投资者分配利润。利润分配“T”字形账户如图 8-12 所示。

图 8-12　利润分配“T”字形账户

二、布置任务

邢台蓝领集团公司 2014 年 12 月发生以下经济业务：

业务 1：蓝领公司提取盈余公积如表 8-5 所示。

表 8-5　提取盈余公积金计算表

单位：邢台蓝领集团公司　　　　　　　　2014 年 12 月

项　　目	行　　数	计　提　率	金额/元
净利润	1		550 000
减：弥补企业以前年度亏损	2		0
计提盈余公积基数	3	10%	550 000
本期应提取法定盈余公积	4		55 000

会计主管：　　　　　　复核：　　　　　　　　制表：

业务 2：邢台蓝领集团公司分配投资者利润如表 8-6 所示。

表 8-6　利润分配计算表

单位：邢台蓝领集团公司　　　　　2014 年 12 月

项　　目	行　　次	计　提　率	金　　额
净利润	1		550 000
减：弥补企业以前年度亏损	2		0
计提盈余公积基数	3		550 000
本期应提取法定盈余公积	4	10%	55 000
加：年初未分配利润	5		172 500
盈余公积补亏	6		0
可供投资者分配的利润	7		667 500
应付给投资者的现金股利	8		495 000
年末未分配利润	9		172 500

业务 3：邢台蓝领集团公司 2014 年现金股利分配方案如表 8-7 所示。

表 8-7　邢台蓝领集团公司 2014 年现金股利分配情况表

2014 年 12 月 31 日　　单位：万元

序　号	普通股股票种类	持股数量	现金股利额
1	发起人股	70 万股	8.4
2	社会公众股	2 000 万股	240
3	内部职工股	430 万股	51.6
合　计		2 500 万股	300

三、任务实施

各小组根据邢台蓝领集团公司 12 月份发生的有关企业资金退出业务进行以下账务处理：

（1）填写部分原始凭证。

（2）开设“盈余公积”“利润分配”账户，登记期初余额。

（3）分析原始凭证，确定会计分录，填制记账凭证。

（4）根据记账凭证逐笔登记资金退出总分类账和明细分类账，结出本期发生额和期末余额。

四、评价

以小组为单位，展示本组完成的会计处理。然后在教师点评的基础上对会计账务处理进行修改完善，并根据评分标准进行评分。

1．教师点评

教师根据各小组的展示结果进行综合点评，指出各小组的优点及不足，并给出正确答案。

2．各组学生自评、互评

各小组派代表汇报完成工作过程中出现的问题及取得的收获，并互评。

3．填写企业资金退出核算活动评价表（见表 8-8）

表 8-8　企业资金退出核算活动评价表

活动________________ 组别________________ 评价人________________

项　目	自　评	互　评				教师点评				
识别原始凭证										
填制记账凭证										
登记明细分类账										
登记总分类账										
填制凭证的规范										
登记账簿的规范										
语言表达能力										
团结协作精神										
工作纪律										
时间观念										
总　评										

注：各项评价满分 10 分，表现优秀为 10～8 分，合格为 7～6 分，不合格为 5～1 分。

活动四：工作总结与评价

学习目标

1. 能正确表达自己的观点。
2. 能正确评价与自评。

建议学时：2 学时

学习过程

一、学生汇报

各小组派代表汇报以下内容：

（1）本学习任务学习的内容。

（2）完成整个任务的过程，包括创新点、团队协作等。

（3）完成整个任务过程中出现的问题及采取的改进措施。

（4）完成整个任务过程的收获。

二、各小组检查汇报小组任务的完成情况

各小组成员检查各汇报小组操作步骤的内容，查看完整性、准确性，并纠正错误，填补疏漏。

三、教师点评及总结

（1）对各小组工作完成的情况以及汇报的情况进行点评。

（2）总结学习任务完成过程中出现的问题，以及任务的重点及难点。

四、总评

（1）收集各小组活动评价表，并交给教师。

（2）派小组代表汇总下表（见表 8-9 和表 8-10）。

表 8-9 “企业资金进入和退出的核算”学习任务 ________组成绩表

评价 / 活动	自评（20%）	互评（30%）				教师评价（50%）	总　分
活动一							
活动二							
活动三							
活动四							

表 8-10 “企业资金进入和退出的核算”学习任务总评表

组别 / 活动					
活动一					
活动二					
活动三					
活动四					
总　分					

五、综合整个流程评选出最优秀的团队

最优秀的团队是______组，其次是______组。

学习任务九
财务成果的核算

学习目标

通过本学习任务的学习，学生应该：

1. 能够自行查阅资料，熟知收入相关岗位的工作。
2. 能够根据任务要求，合理进行工作分工。
3. 能够对收入进行相关的账务处理。
4. 能够根据经济业务正确填制记账凭证。
5. 能够与教师有效沟通，提交任务并请教师检查。
6. 能够根据评价指标，客观公正地进行自评和互评。
7. 能够自选展示方法，介绍本组完成任务的全过程。

建议学时：42 学时

工作情境描述

邢台蓝领集团公司是一家集科研、生产、销售、服务于一体的大型国有企业，为增值税一般纳税人企业，增值税税率为 17%。2014 年 12 月，企业财务人员对相关的收入进行确认和计量，正确地对发生的经济业务进行账务处理。

学习任务描述

出纳员能够根据公司每天的营业收入、支出、费用等涉及形成利润的相关业务的审核无误的原始凭证，正确填制相关的记账凭证。

任务流程

活动一：明确任务要求，资讯分析，制订计划

活动二：收入业务的核算

活动三：费用业务的核算

活动四：利润业务的核算

活动五：工作总结与评价

活动一：明确任务要求，资讯分析，制定计划

学习目标

1. 能在教师的指导下，解读工作任务要求。
2. 能够自行查阅资料，明确填制和审核记账凭证的流程。
3. 能派代表展示说明各小组对任务的理解以及对难点问题的分析。
4. 能够有效展示知识准备成果。

建议学时：6 学时

学习过程

一、明确工作任务

任务书是工作过程的基本依据，其中明确了该项工作的工作内容、时间要求、相关责任人等信息。学生在开始工作任务前，必须读懂任务书的内容要求，准确获取该项工作的基本信息。财务成果的核算任务书如表 9-1 所示。

表 9-1 财务成果的核算任务书

任务名称	财务成果的核算	时间	42 学时
任务描述	出纳员能够根据公司每天的营业收入、支出、费用等涉及形成利润的相关业务的审核无误的原始凭证，正确填制相关的记账凭证		
工作情境	邢台蓝领集团公司是一家集科研、生产、销售、服务于一体的大型国有企业，为增值税一般纳税人企业，增值税税率为 17%。2014 年 12 月，企业财务人员对相关的收入、费用和利润进行确认和计量，正确地对发生的经济业务进行账务处理		
任务目标	1. 能够自行查阅资料，熟知记账凭证的填制和审核流程 2. 能够根据任务要求，合理进行工作分工 3. 能够根据经济业务正确填制记账凭证 4. 能够严格审核记账凭证 5. 能够与教师有效沟通，提交任务并请教师检查 6. 能够根据评价指标，客观公正地进行自评和互评 7. 能够自选展示方法，介绍本组完成任务的全过程		
资讯内容	1. 业务单据的种类及其所反映的经济业务内容 2. 记账凭证填制的方法和要求 3. 记账凭证审核的内容		
实施步骤	活动一：明确任务要求，资讯分析，制订计划（6 学时） 活动二：收入业务的核算（16 学时） 活动三：费用业务的核算（8 学时） 活动四：利润业务的核算（10 学时） 活动五：工作总结与评价（2 学时）		

（续）

任务名称	财务成果的核算	时间	42 学时
评价要点	1. 自学和获取信息的能力 2. 组织与控制能力 3. 沟通协作能力 4. 识别原始凭证的能力 5. 填制和审核记账凭证的能力 6. 语言表达能力 7. 总结归纳能力 8. 团队合作精神 9. 工作参与度		
指导教师签字			

阅读任务书，以小组为单位讨论其内容，提炼、总结任务书的要点。

____

____

____

____

二、收集以下信息，讨论并完成信息咨询内容

查阅资料完成下列信息的咨询：

（1）收入的概念与特征。

（2）费用的定义和特征。

（3）期间费用包含哪些？

（4）制造费用分配率的公式。

（5）利润的概念，利润总额的计算公式。

（6）营业外收入和营业外支出的定义及包含的内容。

（7）利润分配的原则和分配顺序。

三、制订工作计划

工作计划是一个单位或团体在一定时期内为完成某项工作制订的工作安排，内容一般应包括人员分工、资料清单、工期安排等内容。

（1）制订工作计划，首先应查阅相关资料，明确完成这一任务的基本操作步骤，具体如下：

1）____

2）____

3）________________

……

（2）明确财务成果核算的基本步骤后，根据资料中的信息，结合小组讨论的意见，确定以下几个方面的内容：

1）人员的基本分工。

2）每个环节需要用到的工具和资料，并归纳整理。

3）对各个环节的用时做大致估计。

4）有交叉作业情况时的人员和资料安排。

（3）小组查阅资料，完成老师布置的学习内容。根据小组成员特点完成财务成果的核算任务小组分工表（见表 9-2）。

表 9-2 财务成果的核算任务小组分工表

小组成员名单	成员特点	小组中的分工	备注

四、填写活动评价表

以小组为单位，展示本组对任务的理解及知识准备情况。然后在教师点评的基础上根据明确任务要求活动评价表中的评分标准进行评分（见表 9-3）。

表 9-3 明确任务要求活动评价表

活动________ 组别________ 评价人________

项目	自评	互评				教师点评				
任务明确程度										
小组分工情况										
工作计划可行性										
兴趣										
学习主动性										
承担工作表现										
工作纪律										
协作精神										
时间观念										
总评										

注：各项评价满分 10 分，表现优秀为 10～8 分，合格为 7～6 分，不合格为 5～1 分。

活动二：收入业务的核算

学习目标

1. 能在教师的指导下，制订工作计划，合理进行分工。
2. 能够根据日常业务单据，填制和审核记账凭证。
3. 能够根据工作分工，密切合作，按业务流程完成各项任务。

建议学时：16 学时

学习过程

一、知识准备

（1）收入的概念与特征。

____

____

____

（2）收入的分类与范围（见表 9-4）。

表 9-4　收入的分类与范围

	分　类	范　围
按形成来源分为		
按经营业务主次分为		

（3）商品销售收入的确认与计量（见表 9-5）。

表 9-5　商品销售收入的确认与计量

	内　容
商品销售收入的确认	
商品销售收入的计量	

（4）让渡资产使用权收入的确认与计量（见表 9-6）。

表 9-6　让渡资产使用权收入的确认与计量

	内　容
让渡资产使用权收入的确认	
让渡资产使用权收入的计量	

二、布置任务

根据邢台蓝领集团公司 12 月份发生的有关经济业务进行账务处理。

邢台蓝领集团公司是一家集科研、生产、销售、服务于一体的大型国有企业，为增值税一般纳税人企业，增值税税率为 17%。2014 年 12 月份发生相关的经济业务，财务经理要求财务部门根据审核无误的原始凭证及时正确填制记账凭证。

邢台蓝领集团公司资料：

[开户银行]中国工商银行邢台钢北支行　[账号]13051588974463215556

[纳税人登记号]130503506792859　[地址]邢台市钢铁北路 850 号

[电话]2608888　[法人代表]李东华　[单位主管]杨阳　[会计]王方

[出纳]张英　[记账]赵磊　[税控机专管员]王晓风　[复核]李洋

业务 1：商品销售收入的核算。

（1）12 月 3 日，销售酸酸乳给宏光公司。相关凭证如图 9-1 和图 9-2 所示。

（2）12 月 4 日，邢台蓝领集团公司销售商品一批，收到商业承兑汇票一张。如图 9-3 所示。

1300113130　　**河北省增值税专用发票**　　No. 019411**

校验码 48163 59032 22269 87***　此联不做报销、扣税凭证使用　开票日期：2014 年 12 月 3 日

国税函（2011）318 号北京至美数码防伪印务有限公司

购货单位	名　称：宏光公司 纳税人识别号：370866786825678 地址、电话：石家庄市建华路 16 号 5230355 开户银行及账号：中国工商银行建华路支行 6221080406090028506	密码区	（略）

货物或应税劳务名称	规格型号	单位	数量	单价	金额	税率	税额
500mL 酸酸乳		箱	1 000	95．00	95 000.00	17%	16 150.00
合　计					¥95 000.00		¥16 150.00
价税合计（大写）	人民币壹拾壹万壹仟壹佰伍拾元整						（小写）¥111 150.00

销货单位	名　称：邢台蓝领集团公司 纳税人识别号：130503506792859 地址、电话：邢台市钢铁北路 850 号 2608888 开户银行及账号：中国工商银行邢台钢北支行 13051588974463215556	备注	

第一联 记账联 销货方记账凭证

收款人：　　复核：　　开票人：王秉鉴　　销货单位：（章）

图 9-1　增值税专用发票 25

托收凭证（回单）

委托日期 2014 年 12 月 3 日

业务类型	委托收款（□邮划、□电划）					托收承付（□邮划、□电划）					
付款人	全　称	宏光公司			收款人	全　称	邢台蓝领集团公司				
	账　号	6221080406090028506				账　号	13051588974463215556				
	地址	河北省石家庄	市县	开户银行 中国工商银行		地址	河北省邢台	市县	开户银行 中国工商银行		
金额	人民币（大写）	人民币壹拾壹万壹仟壹佰伍拾元整									

亿	千	百	十	万	千	百	十	元	角	分
		¥	1	1	1	1	5	0	0	0

款项内容	货款	托收凭据名称	托收承付凭证（电划）	附寄单证张数	
商品发运情况		合同名称号码			
备注： 复核：　记账：	款项收妥日期 年　月　日	收款人开户银行签章（章） 2014 年 12 月 3 日			

此联作收款人开户银行给收款人的受理回单

图 9-2　托收凭证 6

商业承兑汇票

2　IX IV42476901

签发日期：贰零壹肆年壹拾贰月零肆日　　第 105 号

付款方	全　称	凯山有限责任公司			收款人	全　称	邢台蓝领集团公司	
	账　号	2578991102				账　号	13051588974463215556	
	开户银行	中国工商银行营业部	行号	1346		开户银行	中国工商银行邢台钢北支行	行号 6781
汇票金额	人民币（大写）：伍万捌仟伍佰元整							
汇票到期日	贰零壹伍年零叁月零叁日				交易合同号	18676		

千	百	十	万	千	百	十	元	角	分
		¥	5	8	5	0	0	0	0

本汇票一经本单位承诺，到期日无条件支付票款。 此致 凯山有限责任公司 财务专用章 付款人盖章 负责：王梅　经办：刘永　2014 年 12 月 4 日	本汇票请予以承兑与到期日付款利率（年）7.2%。 邢台蓝领集团公司 财务专用章 汇票签发人盖章 负责：王梅　经办：刘永　2014 年 12 月 4 日

此联收款人开户银行随结算凭证寄付款人开户银行作借方凭证的附件

图 9-3　商业承兑汇票 5

业务 2：销售折扣、折让与销售退回业务，12 月 6 日，邢台蓝领集团公司向邢台宝成公司销售产品一批，开出增值税专用发票一张，现金折扣条件为“2/10，1/20，*n*/30”，假定计算折扣时不考虑增值税。相关凭证如图 9-4 所示。

具体要求如下：

（1）12 月 6 日在销售实现时，据有关凭证，按总售价确认收入。

（2）如 12 月 16 日买方付清货款相应的账务处理。

（3）如 12 月 21 日买方付清货款相应的账务处理。

（4）如买方在 12 月 30 日付清货款相应的账务处理。

1300113130　　**河北省增值税专用发票**　　No. 019411**

校验码 48163 59032 22269 87***　此联不做报销 扣税凭证使用　开票日期：2014 年 12 月 8 日

国税函（2011）318 号北京至美数码防伪印务有限公司

购货单位
名　称：邢台宝成公司
纳税人识别号：130503506794781
地址、电话：邢台市建华路 16 号
开户银行及账号：中国工商银行中华路支行 13051512546321787543

密码区：（略）

货物或应税劳务名称	规格型号	单位	数量	单价	金额	税率	税额
250mL 酸酸乳		箱	200	75.00	15 000.00	17%	2 550.00
合　计					¥15 000.00		¥2 550.00
价税合计（大写）	人民币壹万柒仟伍佰伍拾元整				（小写）¥17 550.00		

销货单位
名　称：邢台蓝领集团公司
纳税人识别号：130503506792859
地址、电话：邢台市钢铁北路 850 号 2608888
开户银行及账号：中国工商银行邢台钢北支行 13051588974463215556

备注：

收款人　　复核　　开票人　王秉鉴　　销货单位：（章）

第一联 记账联 销货方记账凭证

图 9-4　增值税专用发票 26

业务 3：邢台蓝领集团公司向金伞企业销售产品。经协商双方同意在价格上给予 2% 的折让。（相关凭证如图 9-5 和图 9-6 所示）

业务 4：代销商品业务，邢台蓝领集团公司委托邢台达诚公司销售商品一批，发出增值税专用发票一张。邢台达诚公司实际对外销售时开具的增值税专用发票上注明：售价 15 200 元，增值税税额为 25 840 元。相关凭证如图 9-7～图 9-9 所示。

1300113130　　　　**河北省增值税专用发票**　　　　No. 019411**

校验码 48163 59032 22269 87***　此联不做报销、扣税凭证使用　开票日期：2014 年 12 月 8 日

国税函（2011）318 号北京至美数码防伪印务有限公司

购货单位	名　　称：金伞公司 纳税人识别号：130503506786735 地址、电话：太行路 17 号 8230375 开户银行及账号：中国工商银行太行路支行 13051588974463218351			密码区	（略）		
货物或应税劳务名称	规格型号	单位	数量	单价	金额	税率	税额
500mL 酸酸乳		箱	20	95.00	1 900.00	17%	323.00
折扣数（2%）					-38.00	17%	-6.46
合　计					¥1 862.00		¥316.54
价税合计（大写）	人民币贰仟壹佰柒拾捌元伍角肆分				（小写）¥2 178.54		
销货单位	名　　称：邢台蓝领集团公司 纳税人识别号：130503506792859 地址、电话：邢台市钢铁北路 850 号 2608888 开户银行及账号：中国工商银行邢台钢北支行 13051588974463215556			备注			

第一联　记账联　销货方记账凭证

收款人：　　　复核：　　　开票人：王秉鉴　　　销货单位：（章）

图 9-5　增值税专用发票 27

中国工商银行进账单（回单或收账通知）

2014 年 12 月 11 日　　　　第 40 号

收款单位	全　称	邢台蓝领集团公司	付款单位	全　称	金伞公司
	账　号	13051588974463215556		账号或地址	13051588974463218351
	开户银行	中国工商银行邢台钢北支行		开户银行	中国工商银行太行路支行

人民币（大写）	百	十	万	千	百	十	元	角	分
人民币贰仟壹佰柒拾捌元伍角肆分			¥	2	1	7	8	5	4

票据种类	转账支票 XI233**	收款人开户行盖章：（略）

图 9-6　进账单 14

1300113130 **河北省增值税专用发票** No. 019411**

校验码 48163 59032 22269 87*** 此联不做报销 扣税凭证使用 开票日期：2014 年 12 月 8 日

国税函（2011）318 号北京至美数码防伪印务有限公司

购货单位	名　　称：邢台达诚公司 纳税人识别号：130503506797825 地址、电话：邢台市冰河路 8 号 开户银行及账号：中国工商银行冰河路支行 13051588974463217327				密码区	（略）	
货物或应税劳务名称	规格型号	单位	数量	单价	金额	税率	税额
500mL 酸酸乳		箱	1 600	95.00	152 000.00	17%	25 840.00
合　　计					¥152 000.00		¥25 840.00
价税合计（大写）	人民币壹拾柒万柒仟捌佰肆拾元整				（小写）¥177 840.00		
销货单位	名　　称：邢台蓝领集团公司 纳税人识别号：130503506792859 地址、电话：邢台市钢铁北路 850 号 2608888 开户银行及账号：中国工商银行邢台钢北支行 13051588974463215556				备注		

第一联 记账联 销货方记账凭证

收款人：　　复核：　　开票人：王秉鉴　　销货单位：（章）

图 9-7 增值税专用发票 28

委托代销合同

第一条 本合同的各方为：

甲方（委托方）：邢台蓝领集团公司(以下简称甲方)。法定地址：邢台市钢铁北路 850 号。法人代表：李东华。

乙方（受托方）：邢台达诚公司(以下简称乙方)。法定地址：邢台市冰河路 8 号。法人代表：杨军。

第二条 采用视同买断的方式由委托方委托受托方代销货物，即受托方将代销的货物销售后，委托方按合同双方约定的价格收取代销货物的货款，代销货物的实际售价可由受托方自定，代销货物实际售价与合同双方约定的价格之间的差额归受托方所有。

第三条 合同总金额：人民币壹拾柒万柒仟捌佰肆拾元整（¥177 840.00）。

第四条 根据代销货物销售情况，每月月底结算一次货款。

……

第八条 协议自签订之日起生效。

甲方（公章）：邢台蓝领集团公司　　　　乙方：邢台达诚公司

甲方代表（签字）：李东华　　　　乙方代表（签字）：杨军

2014 年 12 月 11 日　　　　2014 年 12 月 11 日

图 9-8 委托代销合同

产品出库单

2014 年 12 月 10 日　　　　　　第 8 号

编号	名称	规格	单位	应发数量	实发数量	单位成本	总价								附注
							十	万	千	百	十	元	角	分	
	500mL 酸酸乳		箱	1 600	1 600										
	合计														

附单据　张

会计：　　仓库主管：　　保管：　　经手：　　制单：

图 9-9　产品出库单 6

业务 5: 分期收款销售商品业务，邢台蓝领集团公司采用分期收款方式销售 500mL 酸酸乳一批，售价 19 000 元，约定每月收款 50%，分两次收回，发出商品时先收第一次货款。相关凭证如图 9-10～9-12 所示。

销售合同

第一条　本合同的各方为：

甲方：邢台蓝领集团公司（以下简称甲方）。法定地址：邢台市钢铁北路 850 号。法人代表：李东华。

乙方：邢台超宁有限公司（以下简称乙方）。法定地址：邢台市万达路 11 号。法人代表：刘永。

第二条　甲方向乙方销售商品。

第三条　货款分两月等额付清。

……

第八条　协议自签订之日起生效。

甲方（盖章）：邢台蓝领集团公司　　　　乙方：邢台超宁有限公司

（邢台蓝领集团公司 公章）　　　　（邢台超宁有限公司 公章）

甲方代表（签字）：　李东华　　　　乙方代表（签字）：刘永

2014 年 12 月 11 日　　　　2014 年 12 月 11 日

图 9-10　销售合同

1300113130　　河北省增值税专用发票　　No. 019411**

校验码 48163 59032 22269 87***　此联不做报销 扣税凭证使用　开票日期：2014 年 12 月 8 日

国税函（2011）318 号北京至美数码防伪印务有限公司

购货单位	名　　称：邢台超宁有限公司 纳税人识别号：130503506796423 地址、电话：万达路 11 号 8267375 开户银行及账号：中国工商银行万达路支行 1305158897446329923			密码区	（略）			
货物或应税劳务名称	规格型号	单位	数量	单价	金额	税率	税额	
500ml 酸酸乳		箱	200	95.00	19 000.00	17%	3 230.00	
合　　计					¥19 000.00		¥3 230.00	
价税合计（大写）	人民币贰万贰仟贰佰叁拾元整				（小写）¥22 230.00			
销货单位	名　　称：邢台蓝领集团公司 纳税人识别号：130503506792859 地址、电话：邢台市钢铁北路 850 号 2608888 开户银行及账号：中国工商银行邢台钢北支行 1305158897446321 5556			备注				

第一联 记账联 销货方记账凭证

收款人：　　复核：　　开票人：王秉鉴　　销货单位：（章）

图 9-11　增值税专用发票 29

中国工商银行进账单（回单或收账通知）

2014 年 12 月 11 日　　第 40 号

收款单位	全　　称	邢台蓝领集团公司	付款单位	全　　称	邢台超宁有限公司							
	账　　号	1305158897446321 5556		账号或地址	1305158897446329923							
	开户银行	中国工商银行邢台钢北支行		开户银行	中国工商银行万达路支行							
人民币（大写）	壹万壹仟壹佰壹拾伍元整		百	十	万	千	百	十	元	角	分	
				¥	1	1	1	1	5	0	0	
票据种类	转账支票 XI233**		收款人开户行盖章（略）									

图 9-12　进账单 15

业务 6：材料转让业务，邢台蓝领集团公司出售香精 10kg，单位售价 60 元，总计 600 元，增值税税额为 102 元，材料已发出，款项已入账。相关凭证如图 9-13 所示。

1300113130　　　　河北省增值税专用发票　　　　No. 019411**

校验码 48163 59032 22269 87***　　此联不做报销 扣税凭证使用　　开票日期：2014 年 12 月 8 日

国税函（2011）318号北京至美数码防伪印务有限公司

购货单位	名　　称：天塞公司 纳税人识别号：130503506797631 地址、电话：拥军路 11 号 8657375 开户银行及账号：中国工商银行拥军路支行 13051588974463217649				密码区	（略）	
货物或应税劳务名称	规格型号	单位	数量	单价	金额	税率	税额
香精		kg	10	60	600.00	17%	102.00
合　　计					¥600.00		¥102.00
价税合计（大写）	人民币柒佰零贰元整				（小写）¥702.00		
销货单位	名　　称：邢台蓝领集团公司 纳税人识别号：130503506792859 地址、电话：邢台市钢铁北路 850 号 2608888 开户银行及账号：中国工商银行邢台钢北支行 13051588974463215556				备注		

第一联　记账联　销货方记账凭证

收款人：　　复核：　　开票人：王秉鉴　　销货单位：（章）

图 9-13　增值税专用发票 30

业务 7：劳务收入的核算。

（1）按劳务完成时间确认收入。邢台蓝领集团公司受托为交行公司培训员工，培训期为 2 个月，按规定交行公司应支付培训费总共 8 000 元，11 月 1 日培训开始，先付一半，另外一半在 12 月 31 日培训完毕后支付。在培训过程中，邢台蓝领集团公司发生与培训相关的费用支出 5 000 元。相关凭证如图 9-14 所示。

中国工商银行 进账单（受理证明）　　1

2014 年 12 月 31 日　　第 01324 号

收款人	全称	邢台蓝领集团公司	付款人	全称	交行公司
	账号	1305158897463215556		账号	1685088096001
	开户银行	中国工商银行邢台钢北支行		开户银行	中国工商银行桥东支行

人民币（大写）	千	百	十	万	千	百	十	元	角	分
肆仟元整				¥	4	0	0	0	0	0

票据种类	
票据张数	

单位主管：　　会计：
复核：　　记账：

工行桥东支行 2014.12.31 付讫

收款单位开户行盖章：

此联是收款人开户银行给收款人的回单

图 9-14　进账单 16

（2）按完工百分比法确认收入。邢台蓝领集团公司接受了一项安装任务，双方签订合同，安装期为 5 个月，总价款 80 万元，现已预收 66 万元，实际发生成本 51 万元，估计还会发生相关成本 10 万元。按实际发生的成本占估计总成本比例确定劳务交易的完成进度。相关凭证如表 9-7 所示。

表 9-7　安装劳务完成进度

时　间	收款金额/元	累计实际发生成本/元	进　度
2014 年 12 月	660 000	510 000	

业务 8：让渡资产使用权收入业务。邢台蓝领集团公司向晖润公司转让某商标的使用权，合同规定使用期限为 4 年，每年年末收取费用 100 000 元。相关凭证如图 9-15 所示。

中国工商银行 进账单（受理证明）　　1

2014 年 12 月 31 日　　第 01324 号

<table>
<tr><td rowspan="3">收款人</td><td>全　称</td><td>邢台蓝领集团公司</td><td rowspan="3">付款人</td><td>全　称</td><td colspan="10">晖润公司</td></tr>
<tr><td>账　号</td><td>1305158897463215556</td><td>账　号</td><td colspan="10">1685088034783</td></tr>
<tr><td>开户银行</td><td>中国工商银行邢台钢北支行</td><td>开户银行</td><td colspan="10">中国工商银行桥东支行</td></tr>
<tr><td colspan="2" rowspan="2">人民币（大写）</td><td colspan="3" rowspan="2">壹拾万元整</td><td>千</td><td>百</td><td>十</td><td>万</td><td>千</td><td>百</td><td>十</td><td>元</td><td>角</td><td>分</td></tr>
<tr><td></td><td>¥</td><td>1</td><td>0</td><td>0</td><td>0</td><td>0</td><td>0</td><td>0</td><td>0</td></tr>
<tr><td colspan="2">票据种类</td><td></td><td colspan="12" rowspan="3">中国工商银行
飞翼支行
2014.12.31
付讫
收款单位开户行盖章：</td></tr>
<tr><td colspan="2">票据张数</td><td></td></tr>
<tr><td colspan="3">单位主管：　　会计：
复核：　　记账：</td></tr>
</table>

此联是收款人开户银行给收款人的回单

图 9-15　进账单 17

三、任务实施

各小组根据邢台蓝领集团公司 12 月份发生的有关收入经济业务进行以下账务处理。

（1）分析原始凭证，确定会计分录，填制记账凭证。

（2）根据记账凭证逐笔登记总分类账和明细分类账，结出本期发生额和期末余额。

四、评价

以小组为单位，展示本组完成的会计处理。然后在教师点评的基础上对会计账务处理进行修改完善，并根据评分标准进行评分。

1．教师点评

教师根据各小组的展示结果进行综合点评，指出各小组的优点及不足，并给出正确答案。

2．各组学生自评、互评

各小组派代表汇报完成工作过程中出现的问题及取得的收获，并互评。

3．填写收入业务的核算活动评价表（见表9-8）

表9-8　收入业务的核算活动评价表

活动＿＿＿＿＿＿＿＿　组别＿＿＿＿＿＿＿＿　评价人＿＿＿＿＿＿＿＿

项　目	自　评	互　评				教师点评				
识别原始凭证										
填制记账凭证										
登记明细分类账										
登记总分类账										
填制凭证的规范										
登记账簿的规范										
语言表达能力										
团结协作精神										
工作纪律										
时间观念										
总　评										

注：各项评价满分10分，表现优秀为10～8分，合格为7～6分，不合格为5～1分。

活动三：费用业务的核算

学习目标

1. 能在教师的指导下，制订工作计划，合理进行分工。
2. 能够根据日常业务单据，填制和审核记账凭证。
3. 能够根据工作分工，密切合作，按业务流程完成各项任务。

建议学时：8学时

学习过程

一、知识准备

（1）费用的定义和特征。

（2）期间费用包含哪些内容？

（3）制造费用分配率的公式。

二、布置任务

根据邢台蓝领集团公司 12 月份发生的有关费用业务进行账务处理。

邢台蓝领集团公司是一家集科研、生产、销售、服务于一体的大型国有企业，为增值税一般纳税人企业，增值税税率为 17%。2014 年 12 月份发生相关的经济业务，财务经理要求财务部门根据审核无误的原始凭证及时正确地填制记账凭证。

邢台蓝领集团公司资料：

[开户银行]中国工商银行邢台钢北支行　[账号]1305158897446321 5556

[纳税人登记号]130503506792859　[地址]邢台市钢铁北路 850 号

[电话]2608888　[法人代表]李东华　[会计主管]杨阳　[会计]王方

[出纳]张英　[记账]赵磊　[税控机专管员]王晓风　[复核]李洋

业务 1：12 月 2 日，支付广告费。相关凭证如图 9-16 所示。

中国工商银行

转账支票存根

10201320

036293**

附加信息

出票日期 2014 年 12 月 02 日

收款人：	邢台信达广告公司
金　额：	¥2 000.00
用　途：	付广告费

单位主管：　　会计：

图 9-16　转账支票存根 25

业务 2：12 月 4 日，销售一批商品，现金支付本企业承担的运输费。相关凭证如图 9-17 所示。

河北省邢台市运输企业专用发票（发票联）　　No. 00543**

购货单位：邢台蓝领集团公司　　2014 年 12 月 04 日

货物名称	计量单位	数量	单价	金额							
				十	万	千	百	十	元	角	分
运费							2	0	0	0	0
合　计						¥	2	0	0	0	0
人民币（大写）贰佰元整			¥200.00								

开票人：××　　收款人：××　　收款单位：（章）

图 9-17　运输企业专用发票

业务 3：12 月 6 日，办公室购买办公用品。相关凭证如图 9-18 所示。

中国工商银行

现金支票存根

10201320

036293**

附加信息

出票日期 2014 年 12 月 06 日

收款人：	邢台益达公司
金　额：	¥500.00
用　途：	购办公用品

单位主管：　　会计：

图 9-18　现金支票存根 3

业务 4：12 月 10 日，办公室张三报销差旅费。相关凭证如图 9-19 所示。

差旅费报销单

部门：办公室门　　　　2014 年 12 月 10 日

<table>
<tr><td colspan="3">出差人</td><td colspan="5">张三</td><td colspan="3">出差事由</td><td colspan="3">参加广交会</td></tr>
<tr><td colspan="3">出　发</td><td colspan="3">到达</td><td rowspan="2">交通工具</td><td colspan="2">交通费</td><td colspan="2">出差补贴</td><td colspan="3">其他费用</td></tr>
<tr><td>月</td><td>日</td><td>地点</td><td>月</td><td>日</td><td>地点</td><td>单据张数</td><td>金额</td><td>天数</td><td>金额</td><td>项目</td><td>单据张数</td><td>金额</td></tr>
<tr><td>12</td><td>2</td><td>邢台</td><td>12</td><td>10</td><td>广州</td><td>火车</td><td>1</td><td>237.00</td><td>5</td><td>300.00</td><td>住宿费</td><td>1</td><td>600.00</td></tr>
<tr><td>12</td><td>9</td><td>广州</td><td>12</td><td>16</td><td>邢台</td><td>火车</td><td>1</td><td>237.00</td><td></td><td></td><td>市内车费</td><td>4</td><td>126.00</td></tr>
<tr><td></td><td></td><td></td><td></td><td></td><td></td><td></td><td></td><td></td><td></td><td></td><td>邮电费</td><td></td><td></td></tr>
<tr><td></td><td></td><td></td><td></td><td></td><td></td><td></td><td></td><td></td><td></td><td></td><td>其他</td><td></td><td></td></tr>
<tr><td colspan="7">合计</td><td></td><td>474.00</td><td></td><td>300.00</td><td></td><td></td><td>726.00</td></tr>
<tr><td colspan="2" rowspan="2">报销总额</td><td colspan="5" rowspan="2">人民币（大写）壹仟伍佰元整</td><td colspan="2" rowspan="2">预借旅费</td><td colspan="2" rowspan="2"></td><td colspan="2">补领金额</td><td></td></tr>
<tr><td colspan="2">退还金额</td><td></td></tr>
</table>

主管：　　审核：　　出纳：　　领款人：

图 9-19　差旅费报销单 3

业务 5：12 月 11 日，支付利息。相关凭证如图 9-20 所示。

业务 6：购买转账支票。相关凭证如图 9-21 所示。

中国工商银行（计算）利息清单

币别	人民币	2014 年 12 月 11 日		流水号 0689	
户名：邢台蓝领集团公司			账号 13051588974463215556		
计息项目	起息日	结息日	本金/积数	利率	利息
贷款	20140811	20150611	120 000.00	4.8%	¥480.00
合计（大写）	人民币肆佰捌拾零元整				
根据有关规定或双方约定，上列款项已直接扣划你单位 66366636 账户，你单位上述账户不足支付贷款利息的，请另筹资金支付。			中国工商银行股份有限公司 钢北支行支 银行签章 2014.12.11 转讫		

第二联 客户回单

会计主管：　　授权：　　复核：　　录入：

图 9-20 利息清单

支 出 凭 单

2014 年 12 月 12 日　　　　第 1 号

支出项目	金额 万	千	百	十	元	角	分
转账支票			2	0	0	0	0
			现金付讫				
小　计		¥	2	0	0	0	0
合计（大写）零万 零 仟 贰 佰 零 拾 零 元 零 角 零 分							

图 9-21 支出凭单

业务 7：12 月 18 日，收到银行存款利息。相关凭证如图 9-22 所示。

中国工商银行计收利息清单

2014 年 12 月 18 日　　　　账号：6221080406090028506

起息日期	结息日期	天数	积数	利率	利息
11 月 18 日	12 月 17 日	30	1 200 000.00	0.3%	3 600.00
上列存款利息，已照收你单位 6221080406090028506 账户。				科目（借） 对方科目（贷）	

图 9-22 计收利息清单

业务 8：12 月 31 日，编制发料汇总表。如表 9-9 所示。

表 9-9　发出材料汇总表

2014 年 12 月 31 日

项　目	A 材料/元	B 材料/元	合　计
生产甲产品	30 000	20 000	
生产乙产品	40 000	50 000	
制造费用	5 000		
小　计	75 000	70 000	145 000

业务 9：12 月 31 日，计提工资。如表 9-10 所示。

表 9-10　工资费用分配表

2014 年 12 月 31 日

部门用途 项目	甲产品	乙产品	车间管理人员	管理部门
分配工时	2 000	1 500		
分配率				
工资费用	82 000	68 000	3 000	6 000

业务 10：12 月 31 日，结转制造费用。如表 9-11 所示。

表 9-11　制造费用分配表

2014 年 12 月 31 日

产品名称	分配标准（工时）	分配率	分配额
甲产品	2 000		
乙产品	1 500		
合　计			7 000

业务 11：结转完工产品成本。如表 9-12 所示。

表 9-12　产品成本计算表

完工数量：50 台　　2014 年 12 月 31 日　　单位：元

项　目	直接材料	直接人工	制造费用	合　计
月初在产品成本	2 200	3 200	600	6 000
本月生产成本	20 000	80 000	8 000	108 000
本月全部生产成本				
减：月末在产品成本	1 100	1 600	300	3 000
本月完工产品成本				
完工产品单位成本				

三、任务实施

各小组根据邢台蓝领集团公司 12 月份发生的有关费用经济业务

（1）分析原始凭证，确定会计分录，填制记账凭证。

（2）根据记账凭证逐笔登记总分类账和明细分类账，结出本期发生额和期末余额。

四、评价

以小组为单位，展示本组完成的会计处理。然后在教师点评的基础上对会计账务处理进行修改完善，并根据评分标准进行评分。

1. 教师点评

教师根据各小组的展示结果进行综合点评，指出各小组的优点及不足，并给出正确答案。

2. 各组学生自评、互评

各小组派代表汇报完成工作过程中出现的问题及取得的收获，并互评。

3. 填写费用业务的核算活动评价表（见表9-13）

表9-13 费用业务的核算活动评价表

活动活动____________ 组别____________ 评价人____________

项目	自评	互评				教师点评				
识别原始凭证										
填制记账凭证										
登记明细分类账										
登记总分类账										
填制凭证的规范										
登记账簿的规范										
语言表达能力										
团结协作精神										
工作纪律										
时间观念										
总评										

注：各项评价满分10分，表现优秀为10～8分，合格为7～6分，不合格为5～1分。

活动四：利润业务的核算

学习目标

1. 能在教师的指导下，制订工作计划，合理进行分工。
2. 能够根据日常业务单据，填制和审核记账凭证。
3. 能够根据工作分工，密切合作，按业务流程完成各项任务。

建议学时：10学时

学习过程

一、知识准备

（1）利润的概念，利润总额的计算公式。

（2）营业外收入和营业外支出的定义及包含内容。

（3）利润分配的原则和分配顺序。

二、布置任务

根据邢台蓝领集团公司12月份发生的有关利润的业务进行账务处理。

邢台蓝领集团公司是一家集科研、生产、销售、服务于一体的大型国有企业，为增值税一般纳税人企业，增值税税率为17%。2014年12月份发生相关的经济业务，财务经理要求财务部门根据审核无误的原始凭证及时正确地填制记账凭证。

邢台蓝领集团公司资料：

[开户银行]中国工商银行邢台钢北支行　[账号]130515889744632155556

[纳税人登记号]130503506792859　[地址]邢台市钢铁北路850号

[电话]2608888　[法人代表]李东华　[会计主管]杨阳　[会计]王方

[出纳]张英　[记账]赵磊　[税控机专管员]王晓风　[复核]李洋

业务1：邢台蓝领集团公司在购销业务中，由于对方违约，收到对方支付违约金。相关凭证如图9-23所示。

收　　据

2014年12月20日

今收到	大华公司交来	
金额（大写）⊗百⊗拾⊗万伍仟零佰零拾零元零角零分		¥5000.00
收款事由	违约金	
		收款人：（盖章）

图9-23　收据

业务2：邢台蓝领集团公司向地震灾区捐款。相关凭证如图9-24所示。

中国工商银行

现金支票存根

10201320

036293**

附加信息

出票日期2014年12月22日

收款人：	邢台红十字会
金　额：	¥50 000.00
用　途：	向震区捐款

单位主管：　　会计：

图9-24　现金支票存根4

业务 3：邢台蓝领集团公司 12 月损益类账户余额如表 9-14 所示。

表 9-14　损益类账户余额

账户名称	本期余额/元	账户名称	本期余额/元
主营业务收入	500 000	管理费用	8 000
主营业务成本	100 000	财务费用	500
营业税金及附加	30 000	投资收益	5 000（贷）
其他业务收入	40 000	营业外收入	4 000
其他业务成本	5 000	营业外支出	6 000
销售费用	10 000		

业务 4：企业所得税税率为 25%，假定该公司无其他纳税调整因素，计算并结转当期所得税费用。如表 9-15 所示。

表 9-15　所得税计算表

2014 年 12 月 31 日

项目名称	本季度利润总额	所得税税率	所得税税额
所得税费用	880 000		
合　计			

业务 5：假定本年度净利润为 660 000 元，按比例提取法定盈余公积和任意盈余公积，并向投资者分配利润。如表 9-16 和表 9-17 所示。

表 9-16　盈余公积计提表

2014 年 12 月 31 日

项　目	税后利润	提取比例	提取金额
法定盈余公积		10%	
任意盈余公积		5%	
合　计			

表 9-17　股利分配计算表

2014 年 12 月 31 日

项　目	税后利润	提取比例	提取金额
现金股利		40%	
合　计			

业务 6：将利润分配其他明细账转入“未分配利润”账户。

三、任务实施

各小组根据邢台蓝领集团公司 12 月份发生的有关利润经济业务

（1）分析原始凭证，确定会计分录，填制记账凭证。

（2）根据记账凭证逐笔登记总分类账和明细分类账，结出本期发生额和期末余额。

四、评价

以小组为单位，展示本组完成的会计处理。然后在教师点评的基础上对会计账务处理进行修改完善，并根据评分标准进行评分。

1．教师点评

教师根据各小组的展示结果进行综合点评，指出各小组的优点及不足，并给出正确答案。

2．各组学生自评、互评

各小组派代表汇报完成工作过程中出现的问题及取得的收获，并互评。

3．填写利润业务的核算活动评价表（见表 9-18）

表 9-18　利润业务的核算活动评价表

活动＿＿＿＿＿＿＿＿＿＿　组别＿＿＿＿＿＿＿＿＿＿　评价人＿＿＿＿＿＿＿＿＿＿

项　目	自　评	互　评				教师点评				
识别原始凭证										
填制记账凭证										
登记明细分类账										
登记总分类账										
填制凭证的规范										
登记账簿的规范										
语言表达能力										
团结协作精神										
工作纪律										
时间观念										
总　评										

注：各项评价满分 10 分，表现优秀为 10～8 分，合格为 7～6 分，不合格为 5～1 分。

活动五：工作总结与评价

学习目标

1．能采用多种形式，对学习过程和成果进行展示汇报，并说出本组工作中的优缺点，进行自评，然后各小组之间进行互评，最后教师作总结点评。

2. 能正确规范撰写学习工作总结。

3. 能够对学习全过程进行综合评价。

建议学时： 2 学时

学习过程

一、学生汇报

各小组派代表汇报以下内容：

（1）本学习任务学习的内容。

（2）完成整个任务的过程，包括创新点、团队协作等。

（3）完成整个任务过程中出现的问题及采取的改进措施。

（4）完成整个任务过程的收获。

二、各小组检查汇报小组任务的完成情况

各小组成员检查各汇报小组操作步骤的内容，查看完整性、准确性，并纠正错误，填补疏漏。

三、教师点评及总结

（1）对各小组工作完成的情况以及汇报的情况进行点评。

（2）总结学习任务完成过程中出现的问题，以及任务的重点及难点。

四、总评

（1）收集各小组活动评价表，并交给教师。

（2）派小组代表汇总下表（见表 9-19 和表 9-20）。

表 9-19 “财务成果的核算”学习任务 ____________组成绩表

评价 活动	自评（20%）	互评（30%）				教师评价（50%）	总分
活动一							
活动二							
活动三							
活动四							

表 9-20 "财务成果的核算"学习任务总评表

组别 活动					
活动一					
活动二					
活动三					
活动四					
总　分					

五、综合整个流程评选出最优秀的团队

最优秀的团队是________组，其次是________组。

学习任务十
财务会计报告编制

学习目标

通过本学习任务的学习，学生应该：

1. 能够根据任务要求，合理进行工作分工。
2. 能自行查阅资料，认识资产负债表各项目及填列方法。
3. 能以小组合作的形式，编制资产负债表，检查报表的正确性和完整性。
4. 能自行查阅资料，认识利润表各项目的计算公式。
5. 能以小组合作的形式，编制利润表，检查报表的正确性和完整性。
6. 能够与教师有效沟通，提交任务并请教师检查。
7. 能够根据评价指标，客观公正地进行自评和互评。
8. 能够自选展示方法，介绍本组完成任务的全过程。

建议学时：24 学时

工作情境描述

邢台蓝领集团公司是一家集科研、生产、销售、服务于一体的大型国有企业，该企业为增值税一般纳税人企业，主要生产 250mL 酸酸乳及 500mL 酸酸乳。财务经理要求会计人员完成以下任务：

1. 根据该公司 2014 年 12 月期末总分类账户和明细分类账户余额，编制资产负债表。

2. 根据该公司 2014 年 12 月损益类总分类账和相关明细分类账的发生额编制利润表。

学习任务描述

会计人员根据邢台蓝领集团公司 12 月份期末总分类账户和明细分类账户余额，以及损益类总分类账户和相关明细分类账户的发生额进行会计报表编制。

学生在学完“基础会计”“基础会计实训”两门课程的基础上，进行本任务的学习。本任务是本课程学习任务的最终环节。

学生从教师处接受任务，能够根据邢台蓝领集团公司发生的业务单据，进行会计报表的编制。

任务流程

活动一：明确任务要求，资讯分析，制订计划

活动二：资产负债表的编制

活动三：利润表的编制

活动四：工作总结与评价

活动一：明确任务要求，资讯分析，制订计划

学习目标

1. 接受会计报表编制任务。
2. 明确任务要求，做好人员配置。
3. 能明确学习任务目标。
4. 能填写任务计划书。
5. 完成信息咨询内容。

建议学时：6 学时

学习过程

一、明确工作任务

任务书是工作过程的基本依据，其中明确了该项工作的工作内容、时间要求、相关责任人等信息。学生在开始工作任务前，必须读懂任务书的内容要求，准确获取该项工作的基本信息。财务会计报告编制任务书如表 10-1 所示。

表 10-1　财务会计报告编制任务书

任务名称	财务会计报告编制	时间	24 学时
任务描述	会计人员根据邢台蓝领集团公司 12 月份期末总分类账户和明细分类账户余额，以及损益类总分类账户和相关明细分类账户的发生额进行会计报表编制 学生在学完“基础会计”“基础会计实训”两门课程的基础上，进行本任务的学习。本任务是本课程学习任务的最终环节 学生从教师处接受任务，能够根据邢台蓝领集团公司发生的业务单据，进行会计报表的编制		

（续）

任务名称	财务会计报告编制	时间	24学时
工作情境	邢台蓝领集团公司是一家集科研、生产、销售、服务于一体的大型国有企业，该企业为增值税一般纳税人企业，主要生产250mL酸酸乳及500mL酸酸乳。财务经理要求会计人员完成以下任务： 1．根据该公司2014年12月期末总分类账户和明细分类账户余额，编制资产负债表 2．根据该公司2014年12月损益类总分类账户和相关明细分类账户的发生额，编制利润表		
任务目标	1．能够根据任务要求，合理进行工作分工 2．能自行查阅资料，认识资产负债表各项目及填列方法 3．能以小组合作的形式，编制资产负债表，检查报表的正确性和完整性 4．能自行查阅资料，认识利润表各项目的计算公式 5．能以小组合作的形式，编制利润表，检查报表的正确性和完整性 6．能够与教师有效沟通，提交任务并请教师检查 7．能够根据评价指标，客观公正地进行自评和互评 8．能够自选展示方法，介绍本组完成任务的全过程		
资讯内容	1．会计报表的理论知识 2．会计报表的基本结构 3．会计报表的理论依据 4．会计报表的编制方法及要求		
实施步骤	活动一：明确任务要求，资讯分析，制订计划（6学时） 活动二：资产负债表的编制（8学时） 活动三：利润表的编制（8学时） 活动四：工作总结与评价（2学时）		
评价要点	1．自学和获取信息的能力 2．组织与控制能力 3．沟通协作能力 4．具有根据期末总分类账户和明细分类账户余额，编制资产负债表的能力 5．具有根据损益类总分类账户和相关明细分类账户的发生额，编制利润表的能力 6．具有判断会计报表编制正确与否的能力 7．语言表达及归纳能力 8．工作参与度及纪律性		
指导教师签字			

阅读任务书，以小组为单位讨论其内容，提炼、总结以下主要信息，再根据教师点评和组间讨论的意见，改正其中的错误和疏漏之处：

（1）任务书的要点有哪些？

____

____

____

（2）任务书的知识点有哪些？

____

____

____

二、收集以下信息，讨论并完成信息咨询内容

查阅资料完成下列信息的咨询：

（1）会计报表的概念是什么？

（2）会计报表的分类有哪些？

（3）会计报表的作用有哪些？

（4）会计报表的编制要求有哪些？

三、制订工作计划

工作计划是一个单位或团体在一定时期内为完成某项工作制订的工作安排，内容一般应包括人员分工、资料清单、工期安排等内容。

（1）制订工作计划，首先应查阅相关资料，明确完成这一任务的基本操作步骤，具体如下：

1）______________________________

2）______________________________

3）______________________________

……

（2）明确会计报表编制的基本步骤后，根据资料中的信息，结合小组讨论的意见，确定以下几个方面的内容：

1）人员的基本分工。

2）每个环节需要用到的工具和资料，并归纳整理。

3）对各个环节的用时做大致估计。

4）有交叉作业情况时的人员、资料安排。

（3）小组查阅资料，完成老师布置的学习内容。根据小组成员特点完成财务会计报告编制任务小组分工表（见表 10-2）。

表 10-2　财务会计报告编制任务小组分工表

小组成员名单	成员特点	小组中的分工	备　注

四、填写活动评价表

以小组为单位，展示本组对任务的理解及知识准备情况，然后在教师点评的基础上根据明确任务要求活动评价表中的评分标准进行评分（见表10-3）。

表10-3 明确任务要求活动评价表

活动________________ 组别________________ 评价人________________

项目	自评	互评				教师点评				
任务明确程度										
小组分工情况										
工作计划可行性										
知识运用能力										
学习主动性										
承担工作表现										
工作纪律										
协作精神										
时间观念										
总评										

注：各项评价满分10分，表现优秀为10～8分，合格为7～6分，不合格为5～1分。

活动二：资产负债表的编制

学习目标

1. 能自行查阅资料，认识资产负债表各项目及填列方法。
2. 能以小组合作的形式，编制资产负债表，检查报表的正确性和完整性。
3. 能有效展示与汇报小组合作成果，介绍本组完成任务情况。
4. 能根据评价指标客观、公正地进行自评与互评。
5. 能提高学生信息查询能力、沟通能力、合作能力、表达能力。

建议学时：8学时

学习过程

一、知识准备

查阅资料收集以下信息，讨论并完成信息咨询内容：

（一）资产负债表的理论知识（见表 10-4）

表 10-4　资产负债表的理论知识

资产负债表的概念	
资产负债表的理论依据	
资产负债表的作用	1. 2. 3.

（二）资产负债表的列报格式和列报方法

1. 资产负债表的列报格式

（1）资产负债表的格式国际上主要有______和______两种。按照我国财务报表列报准则规定，企业的资产负债表一般采用______。

（2）资产负债表的简易格式（见表 10-5）。

表 10-5　资产负债表

编制单位：　　　　　年　　月　　日　　　　　单位：元

资　　产	期末余额	年初余额	负债和所有者权益（或股东权益）	期末余额	年初余额
流动资产：			流动负债：		
货币资金			短期借款		
交易性金融资产			交易性金融负债		
应收票据			应付票据		
应收账款			应付账款		
预付账款			预收账款		
应收利息			应付职工薪酬		
应收股利			应交税费		
其他应收款			应付股利		
存货			一年内到期的非流动负债		
一年内到期的非流动资产			应付利息		
其他流动资产			其他应付款		
流动资产合计			流动负债合计		
非流动资产：			非流动负债：		
长期股权投资			长期借款		

（续）

资　　产	期末余额	年初余额	负债和所有者权益（或股东权益）	期末余额	年初余额
固定资产			应付债券		
固定资产清理			长期应付款		
无形资产			预计负债		
开发支出			递延所得税负债		
商誉			其他非流动负债		
递延所得税资产			非流动负债合计		
长期待摊费用			负债合计		
可供出售金融资产			所有者权益：（或股东权益）		
长期应收款			实收资本（或股本）		
投资性房地产			资本公积		
在建工程			减：库存股		
工程物资			盈余公积		
其他非流动资产			未分配利润		
非流动资产合计			所有者权益（或股东权益）合计		
资产总计			负债和所有者权益（或股东权益）总计		

2．资产负债表的列报方法

（1）资产负债表“年初余额”栏的填列方法。

资产负债表的“年初余额”栏内的各项数字，应根据上年年末资产负债表“________”栏内所列数字填制。

（2）资产负债表“期末余额”栏的填列方法。

1）根据总账科目的余额填列。

问题：在资产负债表中有哪些项目可以直接根据有关总账科目的余额填列，哪些项目则应根据几个总账科目的期末余额计算填列？

____

____

____

2）根据有关明细科目的余额计算填列。

问题：在资产负债表中有哪些项目是根据明细科目的余额计算填列的？

____

____

____

3）根据总账科目和明细科目的余额分析计算填列。

问题：在资产负债表中有哪些项目是总账科目和明细科目的余额分析计算填列的？

____

____

____

二、布置任务

邢台蓝领集团公司 2014 年 12 月 31 日全部总账余额表如表 10-6 所示。

表 10-6 邢台蓝领集团公司总账余额表 单位：元

资产账户	期末余额	权益账户	期末余额
库存现金	2 000	短期借款	50 000
银行存款	786 135	应付账款	100 000
其他货币资金	7 300	应付职工薪酬	949 550
应收票据	66 000	应交税费	180 000
应收账款	600 000	应付股利	226 732
坏账准备	1 800（贷）	其他应付款	32 215
预付账款	100 000	长期借款	170 000
其他应付款	5 000	实收资本	1 160 000
在途物资	275 000	盈余公积	5 000 000
原材料	135 000	利润分配	195 488
周转材料	38 050		
库存商品	2 122 400		
固定资产	2 860 900		
累计折旧	200 000（贷）		
在建工程	728 000		
无形资产	600 000		
累计摊销	60 000（贷）		
合计	8 063 985	合计	8 063 985

三、任务实施

小组合作，完成资产负债表的编制工作。

四、评价

以小组为单位，展示本组完成的会计处理。然后在教师点评的基础上对会计账务处理进行修改完善，并根据评分标准进行评分。

1．教师点评

教师根据各小组的展示结果进行综合点评，指出各小组的优点及不足，并给出正确答案。

2．各组学生自评、互评

各小组派代表汇报完成工作过程中出现的问题及取得的收获，并互评。

3．填写资产负债表的编制活动评价表（见表 10-7）

表 10-7 资产负债表的编制活动评价表

活动____________ 组别____________ 评价人____________

项目	自评	互评				教师点评				
识别财务报表										
填制财务报表										
计算金额的正确性										
账户的正确性										
填制金额的规范										
登记报表的规范										
语言表达能力										
团队协作精神										
工作纪律										
时间观念										
总评										

注：各项评价满分 10 分，表现优秀为 10～8 分，合格为 7～6 分，不合格为 5～1 分。

活动三：利润表的编制

学习目标

1. 能自行查阅资料，认识利润表各项目的计算公式。
2. 能以小组合作的形式，编制利润表，检查报表的正确性和完整性。
3. 能有效展示与汇报小组合作成果，介绍本组完成任务情况。
4. 能根据评价指标客观、公正地进行自评与互评。
5. 能提高学生信息查询能力、沟通能力、合作能力、表达能力。

建议学时：8 学时

学习过程

一、知识准备

查阅资料收集以下信息，讨论并完成信息咨询内容：

（一）利润表的理论知识

（1）利润表概述。利润表是反映企业________的会计报表。利润表把一定期间内的________与同一会计期间相关的营业成本、________及________相配比，从而计算出企业一定时期的________。

（2）利润表是根据____________的会计等式编制的。

（3）计算公式：

营业利润=

利润总额=

净利润=

（二）利润表的列报格式和方法

1. 利润表的列报格式

（1）国际上比较普遍的利润表的格式主要有__________和__________两种。我国企业采用的是__________。

（2）利润表的简易格式（见表10-8）。

表10-8 利润表（简表）

编制单位： 年 月 单位：元

项 目	本期金额	上期金额
一、营业收入		
减：营业成本		
营业税金及附加		
销售费用		
管理费用		
财务费用		
资产减值损失		
加：投资净收益（损失以“-”填列）		
公允价值变动收益（损失以“-”填列）		
其中：对联营企业和合营企业投资收益		
二、营业利润（亏损以“-”填列）		
加：营业外收入		
减：营业外支出		
其中：非流动资产处置损失		
三、利润总额（亏损以“-”填列）		
减：所得税费用		
四、净利润（净亏损以“-”填列）		
五、每股收益		
（一）基本每股收益		
（二）稀释每股收益		

2．利润表的列报方法

（1）利润表的“本期金额”栏反映的是（　　　　　　　　　　　）。

填列方法如下：________

“营业收入”项目：________

“营业成本”项目：________

“营业税金及附加”项目：________

“销售费用”项目：________

“管理费用”项目：________

“财务费用”项目：________

“资产减值损失”项目：________

“公允价值变动损益”项目：________

“投资净收益”项目：________

“营业外收入”项目：________

“营业外支出”项目：________

“所得税费用“项目：________

“净利润”项目：________

“基本每股收益”和“稀释每股收益”项目：________

（2）利润表中“上期金额”应根据上年度利润表“本期金额”栏内所列数字填列。

二、布置任务

邢台蓝领集团公司2014年12月损益类总分类账和相关明细分类账的发生额如表10-9所示。

表10-9　邢台蓝领集团公司2014年有关损益类账户的累计发生额资料 单位：元

账　户	借方发生额	贷方发生额
主营业务收入		1 990 000
主营业务成本	870 000	
其他业务收入		500 000
其他业务成本	350 000	
营业税金及附加	790 000	
销售费用	70 000	
管理费用	90 000	
财务费用	170 000	
投资费用		850 000
营业外收入		100 000
营业外支出	40 000	
所得税费用	171 600	

三、任务实施

小组合作，完成利润表的编制工作。

四、评价

以小组为单位，展示本组完成的会计处理。然后在教师点评的基础上对会计账务处理进行修改完善，并根据评分标准进行评分。

1．教师点评

教师根据各小组的展示结果进行综合点评，指出各小组的优点及不足，并给出正确答案。

2．各组学生自评、互评

各小组派代表汇报完成工作过程中出现的问题及取得的收获，并互评。

3．填写利润表的编制活动评价表（见表 10-10）

表 10-10　利润表的编制活动评价表

活动＿＿＿＿＿＿＿＿　组别＿＿＿＿＿＿＿＿　评价人＿＿＿＿＿＿＿＿

项目	自评	互评				教师点评				
识别财务报表										
填制财务报表										
计算金额的正确性										
账户的正确性										
填制金额的规范										
登记报表的规范										
语言表达能力										
团队协作精神										
工作纪律										
时间观念										
总评										

注：各项评价满分 10 分，表现优秀为 10～8 分，合格为 7～6 分，不合格为 5～1 分。

活动四：工作总结与评价

学习目标

1. 能正确规范地撰写总结。
2. 能采用多种形式进行成果展示。
3. 提高学生的自我展示与表达能力。

4. 提高学生的工作总结能力。
5. 提高学生的团队合作能力。
6. 学会分析和解决问题的方法，提高综合能力。

建议学时：2 学时

学习过程

一、学生汇报

各小组派代表汇报以下内容：
（1）本学习任务学习的内容。
（2）完成整个任务的过程，包括创新点、团队协作等。
（3）完成整个任务过程中出现的问题及采取的改进措施。
（4）完成整个任务过程的收获。

二、各小组检查汇报小组任务的完成情况

各小组成员检查各汇报小组操作步骤的内容，查看完整性、准确性，并纠正错误，填补疏漏。

三、教师点评及总结

（1）对各小组工作完成的情况以及汇报的情况进行点评。
（2）总结学习任务完成过程中出现的问题，以及任务的重点及难点。

四、总评

（1）收集各小组活动评价表，并交给教师。
（2）派小组代表汇总下表（见表 10-11 和表 10-12）。

表 10-11 “财务会计报告编制”学习任务____________组成绩表

评价 活动	自评（20%）	互评（30%）			教师评价（50%）	总　分
活动一						
活动二						
活动三						
活动四						

表 10-12 “财务会计报告编制”学习任务总评表

组别 活动					
活动一					
活动二					
活动三					
活动四					
总　　分					

五、综合整个流程评选出最优秀的团队

最优秀的团队是____________组，其次是____________组。

参 考 文 献

[1] 赵志群．职业教育工学结合一体化课程开发指南[M]．北京：清华大学出版社，2009．

[2] 葛家澍，耿金岭．企业财务会计[M]．北京：高等教育出版社，2010．

[3] 孔德兰．企业财务会计实训[M]．北京：高等教育出版社，2011．

[4] 张维宾，姚津．新编会计模拟实习——工业企业分册[M]．上海：立信会计出版社，2011．

[5] 财政部．企业会计准则——应用指南[M]．北京：中国财政经济出版社，2006．

[6] 刘雪清．会计模拟实训[M]．北京：中国财政经济出版社，2011．